AF364221

El poder de
las promesas

Gemma Comas

El poder de la promesas
Gemma Comas Moner 2019

Autoedición y diseño: Gemma Comas Moner (gemmacomasmoner@gmail.com)
Edición y maquetación: Conectart Diseño, S.L.

ISBN: 978-84-09-08228-5
Depósito Legal: Z xxxx-2019

Agradecimientos

A todas aquellas personas mágicas que se han cruzado en mi camino.

A todas aquellas personas que cultivan el gran arte de imaginar y crear en su mente una visión de algo mucho mejor.

A todas aquellas personas que no conocen la palabra "rendirse".

A todas aquellas que matan sus miedos y persiguen sus sueños.

Y en especial a ti, querido lector.

Miles de GRACIAS.

ÍNDICE

ÍNDICE

INTRODUCCIÓN

¡Hola, querido lector! Ya has llegado al último libro de la trilogía. Hasta aquí seguramente habrás experimentado grandes cambios. Empezaste rompiendo creencias y haciéndote responsable de tu vida, realizando un gran trabajo psicológico y emocional. A estas alturas, ya sabes que atraemos a través de nuestra vibración y que la tuya estaba afectada por todo el sistema de creencias que tenías y que frenaba tu progreso. Efectivamente, has hecho un gran trabajo en toda la parte del iceberg que está sumergido bajo las frías aguas. Poder detectar las creencias que tenemos es relativamente fácil... Cuando observas qué es lo que no va bien en tu vida y tomas conciencia de tus formas de actuar y hablar y del entorno que tienes y tuviste, puedes acceder a ellas.

Ahora, ya conoces cómo funcionan las leyes universales y cómo trabajar a tu favor. Aprendiste a visualizar y la Técnica de Creación Deliberada, para acercar a ti aquello que tanto deseas; pero lo que trato en este libro es totalmente imprescindible para poder acabar el trabajo que iniciaste. Sabes que aunque decretes lo que quieres, tengas un lenguaje positivo y de poder, utilices todas las técnicas de la estrategia chamánica, tengas claro tu objetivo y te visualices en él, si la vibración no es acorde a lo que quieres, será más difícil que lo atraigas a tu vida.

Este libro te ayudará a trabajar el perdón y la gratitud, para aprender a perdonar y a perdonarte. El perdón es liberador y transformador. Si aún hay situaciones pasadas que no puedes perdonar o perdonarte, ha llegado el momento de que las liberes. El odio, el resentimiento y la culpa son emociones que bajan tu vibración. Todas aquellas situaciones que viviste y que te crearon sufrimiento, tienen que ser sanadas.

Todos recordamos las grandes ofensas, las traiciones y los engaños que hemos vivido. Los podemos identificar; es más, los podríamos apuntar ahora mismo en un papel. Todas esas situaciones están en nuestra memoria y sabemos que, de una forma u otra, nos están afectando y condicionando en la actualidad. Pero, ¿qué pasa con todas aquellas malas experiencias que vivimos y no recordamos? Ya vimos que nuestra mente tiene la gran misión de protegernos. Muchas experiencias que vivimos, causaron tanto dolor en nosotros que simplemente fueron destinadas a una parte remota de nuestra memoria, pero aunque no las recordemos, nos continúan guiando.

Recuerdo que cuando estudiaba, me tocó ir a hacer prácticas clínicas con pacientes de fibromialgia. Normalmente las mujeres sufren más esta dolencia que los hombres y está totalmente relacionada con el tema emocional. Yo, en aquella época, era muy joven y durante las prácticas únicamente observaba cómo trabajaba mi supervisor. Recuerdo el caso de una mujer con fibromialgia y depresión. No tenía pareja ni hijos. Finalmente, un día nos contó que no sabía qué era lo que le pasaba pero que cuando empezaba a intimar con alguien, sentía terror. Recuerdo que el día que nos contó ese problema, mi profesor le preguntó si estaba preparada para destapar lo que permanecía oculto. Ella se encontraba mejor y se vio preparada para hacerlo.

La fibromialgia se trabajaba desde diferentes ángulos y con diferentes terapias.

Yo estaba haciendo prácticas en gestión emocional y usábamos flores de Bach. Dentro de todas las esencias florales acudimos a las más catárticas. Decidimos darle Star of Betlehem para ver qué se escondía detrás de las grandes dificultades que experimentaba la paciente a la hora de relacionarse con personas del sexo opuesto. Al cabo de dos días vino a la clínica totalmente consternada. Acababa de recordar la causa de su problema, acababa de recordar los abusos sexuales que había experimentado de niña.

Muchas personas viven experiencias traumáticas en su niñez y su mente simplemente las bloquea. Recuerda que nuestra mente va a tratar siempre de evitarnos el dolor. Todas esas informaciones que aún viven en nosotros nos guían. Muchas veces nos es imposible hacer algo que resulta corriente para los demás y no podemos entender el porqué nosotros no podemos. Intentas entender lo que te pasa, intentas buscar una causa, pero no puedes encontrar esa información porque está archivada en tu mente bajo el sello de top secret.

Aparte de trabajar con el perdón, en este libro vas a conocer una gran herramienta del chamanismo para poder intervenir en todas aquellas órdenes que en algún momento de tu vida te diste, en todas aquellas experiencias que un día tu mente decidió bloquear. Vamos a descubrir qué promesas nos hicimos y cambiar todas aquellas órdenes energéticas que pesan más que nuestras decisiones racionales y que siguen gobernando nuestras vidas. Cuando no se trabaja en toda esta información, es como si fueras una gran águila con toda su fuerza y sus capacidades, pero llevaras atada a las patas una gran bola de acero.

Este es un libro profundo, de introspección y sanación. Es momento de sanar todo aquello que un día se dañó y de romper vínculos que te atan a otras personas y continúan alimentados por el rencor. Es momento de experimentar la libertad plena.

LA IMPORTANCIA PERSONAL

¿Recuerdas la importancia personal? Sí, esa capacidad que tenemos para ofendernos por todo. Cuando estamos en la situación de una persona que espera ver la vida y las circunstancias acontecer, sin tomar responsabilidad en ellas y sintiéndose ofendida por todo lo que está sucediendo, estamos ante un caso donde se tiene que trabajar intensamente la importancia personal y la responsabilidad.

No es casualidad que justamente esta mañana haya visto un caso así. Esta mañana me ha visitado una chica que en un año ha cambiado cuatro veces de trabajo. Estaba muy deprimida, porque siempre se encuentra con personas que la ofenden o que no la tratan como ella desea ser tratada. Cuando hemos ido desengranando cada una de estas cuatro experiencias en lugares distintos, hemos visto que su patrón siempre es el mismo. No es «mala suerte» que todas las personas que trabajan con ella se comporten de una forma concreta. Tiene que empezar a trabajar su importancia personal, tomar responsabilidades en su vida y empezar a enfocarse en lo que desea, en lugar de continuar alimentando al monstruo que hace tiempo que la acompaña.

Cuando le pregunto como está, automáticamente empieza su discurso de quejas y lamentos, de que las personas que se encuentra siempre son malas y la ofenden. No puede dormir porque en su pensamiento dominan esas ofensas; piensa todo el día en lo mal que lo pasa y en todo lo que le han dicho. Recuerda que cuando te enfocas en lo negativo estás llamando a que aparezca en tu vida más de lo mismo. Esta persona lo primero que debe hacer es hacerse responsable de su trabajo. Ella debería dominar la técnica de lo que está haciendo desde hace unos meses y aún no lo ha logrado. No es más fácil preguntarte: ¿qué parte de responsabilidad tengo yo en esto? Su mente está tan ocupada repasando una y otra vez todos los episodios en los que las personas que le enseñan se han enfadado con ella, que simplemente no tiene la capacidad ni la energía para hacer bien su trabajo.

Cuando estás enfocado en una situación o en una persona, malgastas una gran cantidad de energía en ellos. Cuando ella va a trabajar ya está proyectando que otra vez lo va ha hacer mal y que otra vez tendrá que oír lo que tanto le disgusta. En lugar de perder el tiempo esperando que la persona que se enfada contigo cambie la forma de tratarte, invierte el tiempo y la energía para cambiar lo que tú tengas que cambiar. Enfócate en hacer bien tu trabajo, asume la responsabilidad que tienes en esta obra y por supuesto, cambia la vibración que le estás mandando a esa persona para que actúe de esa forma contigo. Cambia tu actitud, tu foco y tu energía. Deja de estar enfadado, asume tu parte de responsabilidad, entiende los motivos que tiene esa persona para actuar como actúa y deja de malgastar energía en ello. No dejes en las manos de nadie tu propia felicidad, es demasiado valiosa. La vida es un regalo, es maravillosa y solo tú decides como quieres vivirla.

Recuerdo que cuando estaba en el primer año de carrera, estaba trabajando en la farmacia de mi tío. Hacía años que había empezado durante los veranos y tenía el suficiente conocimiento como para poder quedarme sola en la farmacia. Recuerdo que cada dos semanas aproximadamente venía una mujer a comprar. Siempre venía a última hora del mediodía, cuando mi tío estaba haciendo el pedido de todo lo que nos hacía falta para que nos lo trajeran por la tarde. Justo en la hora en que mi tío se retiraba para poder hacer esta laboriosa tarea, venía esa mujer. Siempre quería lo mismo, una caja de analgésicos. Yo la saludaba amablemente y le preguntaba qué era lo que deseaba. Automáticamente, me preguntaba si estaba mi tío y yo iba a buscarlo. Cuando él regresaba le pedía la famosa caja de analgésicos, pagaba y se iba. Mi tío me decía: «¿y esto no se lo puedes dar tú? Tengo trabajo haciendo el pedido». Cada dos o tres semanas se repetía la misma escena, yo era joven y me ofendía sobremanera que esa persona no me viera capacitada para darle una caja de analgésicos que estaba detrás de mí en el mostrador. Me ofendía mucho y cada vez que entraba por la puerta automáticamente cambiaba mi actitud. Me mostraba arisca y seria con ella, incluso empecé a usar el sarcasmo. Estaba dolida.

Ya te conté cómo a temprana edad empecé a leer metafísica… La historia es que en aquellos tiempos estaba leyendo sobre cómo nos comunicamos entre nosotros a nivel energético y decidí experimentar con esa señora. Lo primero que hice fue trabajar mi importancia personal, decidí que esa persona no podía robarme la felicidad, y por otro lado, pensé que si se comportaba de esa forma tendría sus motivos y que a lo mejor no tenían nada que ver conmigo. De alguna forma la perdoné y me perdoné a mí misma por haber permitido que alguien me hiciera sentir mal. Creé un mantra interno para nosotras dos: «que la energía que me transmites se convierta en paz y amor».

Cuando llegó a la farmacia días después, la saludé amistosamente, cosa que la sorprendió y mientras mi tío le envolvía los analgésicos, yo estaba en el otro lado del mostrador pegando los cupones en las recetas, aparentemente concentrada en lo que estaba haciendo, pero lo que estaba haciendo realmente era mandar energía a esa mujer, repitiéndome: «que la energía que me transmites se convierta en paz y amor», «que la energía que me transmites se convierta en paz y amor». Y así lo hice unas cuantas veces, no recuerdo cuántas, pero eran pocas, hasta que un día llegó y me dijo: «Buenos días Gemma, ¿me das una caja de analgésicos?». ¡Había funcionado! Lo que yo aún no sabía en aquellos tiempos era que había creado esa variable en el mundo metafísico, pero estaba enormemente feliz. Desde aquel día siempre que entraba yo la atendía, además, como la mayoría de las personas estaban comiendo y no había mucho trabajo, aprovechábamos para charlar. Realmente la energía que llegamos a compartir fue de paz y amor, tanto que cuando me fui a vivir a Barcelona y dejé el trabajo, incluso lloraba. Mira cómo cambió la historia, ¿verdad?

Siempre está en tus manos. Siempre puedes decidir si seguir ofendido o dolido con alguien o si lo perdonas y vuelves a estar en paz. Piensa que cuando no perdonamos, cuando recreamos en nuestra mente una y otra vez aquella ofensa, aquel engaño, aquella traición, estamos perdiendo una gran cantidad de energía. Aparte de quedar agotados, estamos alimentando aquellos sentimientos generados por esa situación y estamos pidiendo a nivel inconsciente, continuar sintiéndonos así. Controla lo que piensas y los sentimientos que experimentas. Aunque estés recordando, ya sabes que nuestra mente no puede diferenciarlo de lo que está ocurriendo verdaderamente en tu presente.

Todas las personas que crean un sentimiento de ofensa en ti están tocando tu importancia personal. La necesidad de tener razón y de que todo vaya como tú crees que debe ir. Cuando hay personas que nos ofenden tan solo con su presencia, es porque reflejan alguna parte de ti mismo que aún no te has perdonado. En este libro vamos a trabajar el perdón. El perdón a los demás pero sobre todo, hacia ti mismo. Hay pequeñas ofensas que pueden dañarte unos días y después te olvidas de ellas, pero ¿qué pasa con las grandes decepciones? ¿qué pasa con las grandes traiciones? ¿qué pasa con todas aquellas circunstancias «imperdonables»?

Hay momentos en que es difícil poder controlar nuestra importancia personal porque nos tocan donde más nos duele. Cuando alguien te hace daño, en aquel momento sientes el dolor y la tristeza, pero cuanto antes puedas alejarlo de ti, mejor.

Muchas veces estamos tan frustrados que volcamos esa frustración en la primera persona de confianza que encontramos. De la misma forma que tú y yo podemos hacerlo, en ocasiones también nos convertimos en el contenedor donde otras personas cercanas evocan su ira. Debemos ser tolerantes y pensar que cada persona tiene su mundo interior propio y que cada persona está librando una dura batalla en su interior.

Muchas veces son esas traiciones, esos engaños, los que te hacen cambiar de trayectoria, los que te hacen cortar relaciones de raíz y son los detonantes de tus grandes cambios en la vida. Cuando aprendes a confiar y tienes la capacidad para mirar atrás y entender que todo lo que pasó era justo lo que necesitabas que pasara para tu avance, te quedas tranquilo.

Cuando puedes ver en perspectiva y entender que muchas veces estos grandes cortes eran necesarios para tu crecimiento y para poder ser quien viniste a ser, todo el escenario toma otro matiz. Lo que en un principio puedes ver como un gran dolor, se convierte en una oportunidad. ¿Cuántas personas han girado su vida del revés después de recibir un duro golpe? Todo está diseñado para que avances en la dirección que debes seguir. ¿Cuántas veces hemos dejado de hacer lo que deberíamos hacer o incluso de ser quienes somos en realidad para intentar agradar a las personas que tenemos al lado? Cuando te sientas triste y abatido por todo lo que va mal en tu vida, párate y respira tranquilo. Desde esta tranquilidad podrás ver el propósito escondido que muchas veces está detrás de todos estos desafíos.

Todas esas pequeñas ofensas que puedes experimentar a diario se trabajan directamente con la importancia personal, pero todas esas grandes cosas imperdonables, todos esos «traumas» pasados se trabajan de manera meticulosa. Piensa que esas experiencias traumáticas te condicionan por completo. Una persona que fue engañada por su pareja, no confiará fácilmente en otra persona. Esa experiencia creó una serie de nuevas creencias en ella y no nos olvidemos de las promesas internas del tipo: «todos los hombres son iguales», «todas las mujeres son iguales», «no voy a confiar nunca más en nadie», «no volverán a lastimarme», etc.

Aparte de trabajar todas esas creencias y promesas que creaste en aquel momento, lo verdaderamente importante es que puedas dejar ir ese rencor, ese dolor que aún sigue en ti y la única forma es a través del VERDADERO PERDÓN. Cuando perdonas a alguien, no lo haces por él, lo haces por ti. Cuando perdonas a alguien no estás disculpándolo o aceptando que lo que hizo estuvo bien, por supuesto que no.

Lo que estás haciendo es volver a tener paz y ser libre. Lo haces por ti, no por él. Cuando perdonas estás diciendo: «no acepto tu comportamiento pero ya no voy a malgastar más energía en ti y en lo que pasó».

Ya sabes que siempre me baso en la estrategia chamánica. Piensa que cuando sucedió aquello que no puedes perdonar, mucha de tu energía, mucho de tu poder personal quedó allí y allí es donde permanece. Repito insistentemente que para crear la vida que queremos tener precisamos de un gran poder personal y este es mi gran propósito. Mi propósito es que seas libre y que tengas un gran poder personal para poder crear la vida de tus sueños.

En los momentos traumáticos se crea un enlace energético; en aquel preciso lugar y en aquel momento concreto. Sigues atado allí, esa es una cadena invisible que te frena, que entorpece tu camino y cada vez que lo recuerdas llevas más energía a aquel lugar concreto. Imagínate que hay un filamento invisible, energético que sale de ti y que cada vez que recuerdas aquel incidente, este se llena de tu energía y va a parar a aquel lugar. Lo que haremos es cortar ese filamento, esa cadena y con la recapitulación, recuperar toda la energía que allí permanece. Primero trabajaremos con el perdón y después con la recapitulación.

Perdonar es vital. Cuando no perdonas, el odio, el dolor y el resentimiento anidan en tu corazón y ya sabes que La Fuente desconoce por completo esos sentimientos. Para poder estar en una perfecta conexión con la fuente debes vibrar en la confianza y en el amor. La Fuente es amor, es abundancia, es fe, es confianza y belleza. Mira a un niño pequeño: ¿Cómo es? Es amoroso, confiado, inocente y feliz, él aún no ha creado los muros de la desconfianza, del miedo, del odio, de la envidia y del resentimiento. Todos estos muros que nos creamos alrededor, impiden que nos lleguen cosas maravillosas.

El amor es el sentimiento de más alta vibración, cuando vibramos en el amor estamos totalmente conectados a esa fuente de bienestar y abundancia.

Todas las experiencias negativas que hemos tenido nos marcan, pero cuando podemos determinar qué creencias son fruto de ese acontecimiento y las podemos cambiar, ya no nos limitan para avanzar. Cuando puedes perdonar desde el corazón, experimentas una verdadera libertad, te quitas de encima esa gran roca que llevabas cargada desde hace tanto tiempo; rompes ese filamento invisible que te mantenía anclado en aquella situación del pasado. El resentimiento y el odio son los constructores de esos muros que bloquean la llegada de cosas buenas a tu vida. El resentimiento es una falta de amor y se desvanece con el perdón.

Otra cosa importante es la autoimagen. ¿Cómo te tratas? ¿Eres amoroso y comprensivo contigo mismo, o eres tu peor enemigo? ¿Qué te dices? ¿Te criticas? ¿No te amas? Recuerda que lo que te rodea es un reflejo de lo que llevas dentro. Si quieres que te quieran, si quieres que te acepten, trátate con amor, recuerda que simplemente eres maravilloso, eres valioso, no te lastimes más, no te critiques más. Si hay algo de ti que quieras cambiar, hazlo, pero no sigas haciéndote daño porque tú eres La Fuente, ¿recuerdas? Tú eres amor, tú eres confianza, tú eres paz y bienestar.

Imagina que tu corazón es un gran jardín. Cada vez que te criticas, que te juzgas, que te infliges dolor estás amontonando piedras en él. Cada vez que te lastimas estás poniendo piedras sobre las bonitas flores que allí crecían. Llega un momento en que hay tantas piedras que es imposible entrar a ese jardín y por mucho amor que en él quiera entrar tiene el paso bloqueado.

Para que algo te deje de doler debes hacerte una pregunta: ¿Qué es eso que tanto daño me ha hecho? Normalmente nos duele algo que nos hacen o la ausencia de aquello que nos gustaría que hicieran. Por ejemplo: «mi mujer no valora todo lo que hago por ella y no me siento reconocido». Cambia el sujeto de la frase por yo. «Yo no valoro todo lo que hago y no me reconozco a mí mismo». Esa es la herida. Cuando tú no te valoras, esperas recibir esta valoración del entorno, de las personas que te rodean. Cuando te sientes valorado por otras personas todo va bien, pero cuando esto no sucede, estás mal, experimentas dolor. Eso no es amor, eso es dependencia. Es importante que te ames, que te mimes y aceptes. Todo, absolutamente todo está dentro de ti. Cuando puedas perdonarte a ti mismo por todas aquellas cosas que desde tu momento presente crees que estuvieron mal, estás derribando muros que te han tenido encarcelado mucho tiempo. Cuando no nos perdonamos algo, de alguna manera a nivel inconsciente, nos castigamos por ello. Deja ya de castigarte y permítete ser inmensamente feliz, simplemente porque te lo mereces.

AUTOESTIMA

Todo lo que queremos es amor, es ser aceptados por los demás. Como desde pequeños relacionamos el amor con la atención, todos creamos una serie de estrategias para evitar el dolor del rechazo y para experimentar el placer de ser aceptado y atendido. Y es en estos momentos cuando nace uno de nuestros mayores miedos, el miedo a no ser suficiente y a ser rechazado. Piensa que estamos educados para estar en comunidades. Los primeros hombres tenían más posibilidades de sobrevivir si estaban en una comunidad... Párate un momento y pregúntate por qué haces lo que haces. Si las personas te aceptaran y quisieran incondicionalmente, ¿continuarías actuando igual? ¿te dedicarías a lo que te dedicas? ¿llevarías la ropa que llevas?

Recuerda que todo nuestro comportamiento está basado en obtener placer, pero sobre todo, en evitar el dolor a toda costa. Nuestra forma de comportarnos está basada en las asociaciones placer-dolor que tenemos y estas fueron creando todas esas creencias inconscientes que aún se encuentran en nosotros. Todas estas creencias se fueron agrupando formando nuestros paradigmas.

Son estos paradigmas los que conforman nuestros hábitos mentales y estos son los que han creado nuestras personalidades. Nuestra forma de comportarnos está programada, es aprendida y la forma como reaccionamos a estímulos externos, tiene poco que ver con nuestra esencia. Ya sabes cómo se forman nuestras creencias: repetición y emoción. Y también sabes que estos sistemas de creencias, estos pensamientos, te llevan a experimentar una serie de emociones, que a su vez te llevan a tomar unas decisiones en lugar de otras y finalmente derivan en unas acciones y resultados. Cuando no tenías la atención que deseabas o no te sentías aceptado una y otra vez, vinculando a ello la emoción, estabas elaborando creencias al respecto.

¿En alguna ocasión has visto a alguien por primera vez y has sentido un gran malestar? Estas cosas nos pueden suceder y no ocurre porque esa persona nos haya hecho nada, sino simplemente porque le asociamos algo negativo. Aunque sucediera en el pasado, ahora se está disparando tu programación. No es necesario haber vivido una situación negativa con esa persona, ya he especificado que es la primera vez que la ves. Basta con que te recuerde a alguien con quien sí hayas tenido una mala experiencia.

Imagínate a una persona que tiene conflictos con su pareja. Todos estos conflictos son una fuente de dolor y por la intensidad emocional y la repetición que experimenta, toda esa información se graba profundamente en su subconsciente. Esta programación específica, en un futuro, se activará ante cualquier cosa que tenga que ver con la relación de pareja, creando rechazo y malestar. Recuerda que tiene más fuerza en nosotros el evitar el dolor que el obtener placer. Muchas veces, cuando hemos vivido situaciones dolorosas y nuestra mente ha hecho la asociación Relación=Dolor, cuando nos encontremos delante de una situación de sufrimiento que asociemos a la relación de pareja, simplemente huiremos, sin ser ni siquiera conscientes de que lo estamos haciendo. Todo el dolor que hemos experimentado, nos condiciona totalmente.

Todas las experiencias traumáticas que hemos vivido dejaron huella en nuestro subconsciente y nos impiden poder disfrutar de la vida al máximo. A menudo vemos a personas que están frustradas porque no atraen el amor, siempre se trunca el salir con alguien por algún lado, no llega la persona adecuada a sus vidas o puede que ni tan siquiera llegue nadie. No es culpa de ellos, si no de todo su sistema de creencias, de toda la programación subconsciente que crearon. Lo que tendrían que preguntarse sería:

¿Tuve algún conflicto importante con una pareja del pasado? Si lo tuvo, es importante que sane todas las heridas ocasionadas, que pueda soltar, perdonar de corazón y así sanar su alma, porque de otro modo, no podrá entrar otra relación, esa relación que su corazón anhela.

Esa sanación es importante en todas las áreas de nuestra vida. Lo mismo ocurre con el dinero y la salud. Si tu familia tuvo conflictos con el dinero, tienes la programación que creaste en referencia a él. Si tú viste y oíste como tus padres lo pasaban mal por el dinero, automáticamente creaste una asociación en tu mente de que el dinero es malo. Dinero=Dolor. Y aunque ahora, a nivel consciente sepas que quieres dinero, en el subconsciente la información es contraria, y recuerda el partido desigual: poco pueden hacer 10 jugadores contra 90. Aunque te pases el día visualizando y decretando que quieres tener dinero, hasta que no trabajes ese dolor pasado vinculado al dinero, lo estarás alejando siempre de ti. Recuerda lo que te contaba en La magia que duerme en ti: aunque una persona llegue a ganar mucho dinero, si hay una vinculación de dolor al dinero, esa persona va a hacer lo necesario para no tenerlo. Aunque gane mucho dinero, va a llegar a final de mes sin blanca, porque a nivel inconsciente tienen más peso las emociones que lo que puedamos pensar a nivel consciente. Tiene más fuerza el evitar el dolor (el dinero) que experimentar el placer que este te puede dar. Cuando hay una programación negativa hacia el dinero, aunque parezca ilógico, lo estás rechazando. Hazte la pregunta: ¿Tuve algún conflicto con el dinero?

Cuando creas la asociación Dinero=Dolor, porque viste sufrir a tu familia y seres queridos y esto creó un impacto emocional, automáticamente tu mente subconsciente lo está rechazando. Aparte del impacto emocional, recuerda que elaboramos creencias por repetición. ¿Qué oías decir a tus padres acerca del dinero? Aunque lo desees, visualices y hagas lo que sea necesario, mientras este archivo permanezca en tu mente, lo rechazará y lo alejará de tu vida.

Lo que quiero que entiendas con esto es que cuando ves a alguien lograr algo con facilidad, mientras que otro pasa horrores, no es debido a sus talentos innatos sino a sus mentalidades; a sus sistemas de creencias y a la necesidad de alejarse de una fuente de dolor subconsciente. Recuerda que atraemos las cosas y circunstancias a nuestra vida con nuestro subconsciente, la parte no visible del iceberg. Lo único que interfiere entre tú y lo que deseas, es tu programación subconsciente, y he aquí la paradoja: deseamos lo que no tenemos y no lo tenemos porque a nivel inconsciente lo rechazamos. Queremos aquello que a nivel subconsciente no queremos, lo queremos porque no lo tenemos, porque nos falta. Parece que no sea cierto que rechazamos el amor, el dinero y la salud, pero la prueba está en nuestras vidas.

Si tenemos dificultades en alguna de estas áreas es porque estamos programados para alejarlo de nuestras vidas por el dolor subconsciente que vinculamos a ello. Y todo sucede por la asociación negativa que hiciste hace tantos años y que puede que ni siquiera recuerdes. Pero esa asociación pasada está presente en tu actualidad, en todos tus días.

Se entra en una gran espiral en la que a nivel consciente lo queremos pero a nivel subconsciente lo rechazamos. No logramos lo que queremos y aún experimentamos más dolor, asociándolo a aquello que nos falta y por lo tanto, alejándolo más y más de nuestras vidas.

Es importante que nos reconciliemos con el dinero, el amor y la salud, porque todas estas áreas son imprescindibles. Perdona cualquier situación pasada donde alguno de estos tres conceptos estuviera involucrado. Cuando puedas perdonarlo podrás amarlos de forma consciente e inconsciente y de esta forma estarás permitiendo la entrada de ellos a tu vida. Cuando veamos la recapitulación en la última parte del libro, iremos trabajando todas aquellas situaciones dolorosas que viviste y por tanto, trabajaremos en todas esas asociaciones de dolor que hiciste en un pasado y en todas las promesas internas que creaste y que actualmente bloquean la entrada a tu vida de lo que deseas.

Cuando nos sentimos ofendidos es como si tomáramos un regalo que no queremos. Déjame que te cuente una historia:

Un día, Buda paseaba por un tranquilo pueblo. Un hombre muy enfadado y rudo se le acercó y empezó a insultarle:
—¡No tienes derecho a enseñar a los demás! —gritó— ¡Eres estúpido igual que el resto! Eres un farsante.
Buda no se sintió ofendido por los insultos. En su lugar preguntó a este joven:
— Dime, si compras algún regalo a alguien y esta persona no lo quiere, ¿a quién pertenece el regalo ahora?
El hombre quedó sorprendido por esa pregunta tan extraña y respondió:
— Sería mío porque fui yo quien lo compró.
Sonriendo, Buda le dijo:

— Correcto. Es exactamente lo mismo con tu enfado. Si te enfadas conmigo y yo no me siento ofendido, entonces, la ira recae sobre ti. Tú serás el único que no se sienta feliz y no yo. Todo lo que habrás hecho será herirte a ti mismo.

Si quieres dejar de lastimarte a ti mismo, debes soltar tu ira y tu resentimiento y vivir en la felicidad y el amor. Cuando odias a los demás, tú mismo creas tu infelicidad, pero cuando amas, la felicidad te acompaña. Recuerda que no es el azar quien dirige tu vida, el comandante eres tú con todo tu bagaje, con todo lo que un día aprendiste, creando los mapas de navegación que hoy en día sigues utilizando. Si quieres dirigirte a Amor y vas a Soledad es que estos mapas no son los correctos. ¡Vamos a cambiarlos!

Vamos a trabajar sobre el odio, el rencor y la frustración, porque estos sentimientos bajan tu vibración. Está demostrado científicamente que cuando experimentamos toda esta serie de emociones negativas, tu señal electromagnética baja, esa energía que tendría que expandirse, se retrae y se estrecha. Recuerda que tienes que convertirte en una gran antena que atrae hacia sí lo que quieres experimentar en tu vida.

Cuando nuestra alma está herida y dañada, nuestra energía no se expande e impide a nuestra mente subconsciente comunicarse con ese campo de energía cuántico.

En medicina tradicional china, cada órgano alberga una emoción y se relacionan entre ellos siguiendo los ciclos de la naturaleza.

Cada órgano se asocia a un elemento:
El hígado y la vesícula biliar representan la madera y albergan la rabia y el resentimiento; el pulmón y el intestino grueso albergan

la tristeza y la melancolía y se relacionan con el elemento metal. Los riñones y la vejiga se relacionan con el elemento agua y albergan los miedos y temores; el bazo y el estómago se relacionan con el elemento tierra y albergan la obsesión. El corazón y el intestino delgado representan el elemento fuego y se relacionan con la alegría y cuando está en un exceso importante, con la locura.

Lo primero que se estudia en medicina china es la relación de los órganos entre sí, esto es prácticamente todo lo que se estudia en el primer año, ya que si no se entiende esto no se puede a avanzar en lo demás. Encontramos el ciclo de generación, donde hay una relación armónica entre los órganos y uno respalda al otro en su labor, nutriéndolo, como por ejemplo: cuando el metal alimenta al agua, es la relación madre-hijo. Pero lo más interesante de estudiar es el ciclo de control, observando cómo el problema en un elemento acaba perjudicando al elemento al que controla, como por ejemplo, un exceso de agua que apaga el fuego del corazón. Pero curiosamente, lo que más se observa es cuando la madera ataca a la tierra. Recordemos que la madera es el hígado y alberga la ira y el resentimiento. Cuando estas emociones perduran, acaban bloqueando la energía del hígado, creando un exceso de energía en él. Entonces ese exceso se traduce en irritabilidad, estrés, cólera, vértigos, migrañas y una lista larguísima de más síntomas, pero lo más interesante es que afecta al bazo y al estómago.

El estómago es la entraña y tiende a tener un exceso de energía, por lo tanto, con el ataque del hígado habrá un calor de estómago o incluso podemos llegar a observar un fuego de estómago. Eso se traduce en gastritis, úlceras gástricas, problemas de reflujo e incluso puede llegar a la cavidad bucal causando sangrado de encías. No es de extrañar que la mayoría de hombres de negocios o personas sometidas a mucho estrés sufran de úlceras gástricas. Pero, ¿qué pasa con el bazo? El bazo alberga la obsesión y la apatía. El bazo es el órgano y contrariamente al estómago, tiene tendencia a entrar en un estado de insuficiencia o baja energía. Por un lado, tenemos los síntomas de hígado: irritabilidad, cólera, resentimiento y por otro lado tenemos los síntomas de la insuficiencia de bazo secundaria al bloqueo hepático: pensamientos repetitivos, apatía, falta de energía, cansancio, sueño no reparador, pesadez general, pocas ganas de hablar, cansancio acusado, etc. Ya tenemos el cuadro de la DEPRESIÓN.

En todos los diagnósticos de depresión está presente la afectación de la madera (hígado) y este inevitablemente ataca a la tierra. Todo depende del tiempo y de la intensidad, pero a la larga, cuando este cuadro se mantiene, otros órganos se ven afectados. En este caso, si lleva ya un tiempo, el riñón también va a caer. Cuando el bazo está insuficiente y le falta energía, el riñón va a darle la suya, va a alimentarlo. El riñón alberga los miedos y es entonces cuando veo a una persona que ha partido, por ejemplo, de un desengaño, con una primera fase de enfado y rabia, que poco a poco se ha ido apagando, se ha vuelto taciturna, está triste y cansada, su mente no para de dar vueltas sobre lo ocurrido (obsesión) y empiezan a aflorar todo tipo de miedos y temores, muchos de ellos totalmente irracionales. Imagínate la importancia de trabajar sobre estos sentimientos; es vital que los sueltes para poder estar en armonía y volver a ser libre.

Es momento de perdonar y liberar todo lo que ya no queremos, es tiempo de sanar tu cuerpo y tu alma y recuperar todo tu esplendor.

EL PODER DE LAS PALABRAS

A estas alturas ya conoces el poder de las palabras, la importancia de nuestro lenguaje y nuestros decretos. Existen palabras vacías, palabras dichas sin sentimiento y que no tienen tanto poder. Estas palabras lo que hacen es que te mantengas enfocado en lo que verbalizas, pero no tienen el poder suficiente para ser creadoras por sí solas. Pero, ¿qué pasa cuando estás dolido, enfadado o resentido? Todas las palabras que salgan de tu boca en estos momentos son palabras impregnadas de estos sentimientos. Son palabras poderosas que se van a convertir en grandes decretos. Ya sabes que las palabras proceden del corazón y un corazón herido y resentido tendrá un lenguaje acorde a su estado.

Cuando estás muy dolido y sientes la necesidad de explicar todo lo ocurrido, de alguna forma estás dando más poder a esa situación pasada y permitiéndote seguir llamando más situaciones parecidas. Cuando te recreas en la ofensa, el engaño o la traición que sufriste, vuelves a experimentar las mismas emociones que experimentaste en su momento, vuelves a recrear el mismo estado de ánimo. Estas palabras acompañadas de emoción harán su trabajo. Es importante ganar consciencia de ello. Muchas personas creen que explicándolo a todo el mundo van a sentirse mejor y no es así. Primero, porque al hacerlo reviven todos los sentimientos ligados a ese momento, segundo porque están mandando más energía a través de ese filamento invisible a aquella situación y tercero, porque están creando con la repetición y el alto impacto emocional. Recuerda que el verbo es creador, las palabras son poderosas.

Si te sentiste rechazado o experimentaste una falta de respeto, decreta lo correcto. Verbaliza tus frases de poder contrarias a estos sentimientos en lugar de recrearte en ellos. Si te sentiste rechazado y poco respetado, puedes decir: «Yo soy (nombre y apellidos) y soy una mujer aceptada y respetada por todos».

A veces nuestras palabras son vacías, pero cuando van acompañadas de un sentimiento intenso son muy poderosas. Cada vez que salen de tu boca frases llenas de resentimiento, son frases de poder, son decretos directos al universo. Deja de decretar fracasos y problemas, decreta con palabras de amor y confianza.

Cuando llegas a comprender que la palabra es el pensamiento hablado, y que esta tiene el poder de construir o destruir, no vuelves a hablar como lo haces. Yo tengo la gran suerte de interactuar con todo tipo de personas en mi trabajo y veo de todo: personas ricas y prósperas, personas con grandes problemas económicos, personas felices y enamoradas, personas solas y llenas de amargura; personas mayores repletas de energía y jóvenes que están hundidos. Observando su dialogo, veo que las personas con problemas económicos hablan de escasez, las personas enfermas hablan de su enfermedad y las personas que están solas critican a las personas que están felices con sus parejas.

Seguramente conoces algún caso de una pareja que aparentemente era sólida y feliz, y de un día para otro se separan y acaban tirándose los platos a la cabeza.

Estas cosas ocurren y no dejan de sorprender a la mayoría. La gente no se lo acaba de creer y se pregunta: «¿ellos? pero si se les veía tan bien». Muchas personas crean una apariencia, aparentan estar bien con sus parejas pero después te enteras que llevaban años con conflictos o que incluso hubo terceras personas. Cuando ves parejas hablar mal de otras parejas o criticar algo bonito de alguna relación, ya nos están dando una pista de que ellos tampoco están bien.

Cuando estas personas hablan mal de parejas que están unidas y felices, lo que realmente están haciendo es confesar que ellos no están igual. Están verbalizando lo que ellos sienten en su interior y ya sabes que no puedes ver fuera lo que no tienes dentro. Cuando hablas mal de un tema, es como si estuvieras regando aquella semilla que ya plantaste y tarde o temprano, esta va a dar sus frutos.

Cuando hablas con una persona que tiene problemas económicos y le hablas de alguien que posee una gran cantidad de dinero, automáticamente va a criticarlo, partiendo de las creencias que tiene respecto al dinero y la riqueza. Las creencias que le dirigen una y otra vez a experimentar el mismo tipo de problemas con relación al dinero.

Las personas enfermas son las que más hablan de su enfermedad. Muchas veces me he encontrado con personas que sufren de algún síndrome poco habitual y te lo detallan minuciosamente. Están tan informados de cuáles son los síntomas que tienen o que pueden experimentar que están totalmente enfocados en la enfermedad en lugar de enfocarse en la salud. Leen mucho acerca de ello, pero no leen y hablan sobre las formas de poder sanarse.

Así que, si quieres cambiar cualquier área de tu vida, toma consciencia de las palabras que salen de tu boca en referencia a ella. No puedes ser rico si solo hablas de pobreza, no puedes tener una pareja maravillosa si criticas constantemente a las personas que gozan de una gran relación y no puedes sanarte si estás todo el día hablando de tu enfermedad y explicando con todo lujo de detalles cómo te encuentras y que es lo habitual al padecer esa dolencia.

Empieza a cambiar tu forma de hablar. Habla con palabras que te acerquen a lo que quieres, no a lo que no quieres. No entres más en conversaciones sobre la crisis y los problemas económicos, no hables de los engaños, infidelidades y problemas de pareja que puedan tener otras personas; no te enfoques en la enfermedad, enfócate en la salud y habla de lo bien que te vas a encontrar.

«Cuando uno repite muchas veces una mentira,
tarde o temprano la convierte en verdad.
Si tú niegas muchas veces una verdad,
tarde o temprano la conviertes en una mentira».

Agustín

Si quieres amor, deja de criticar a aquellas personas que lo experimentan.

Si quieres salud, deja de hablar de enfermedad. Si quieres dinero, deja de criticar a las personas que lo poseen.

Utiliza frases de poder. Declara amor, declara salud, declara riqueza, declara éxito y prosperidad y los tendrás. Piensa que todas las programaciones que «aprendimos» son las que nos han llevado al momento presente. Nosotros aprendimos viendo y escuchando nuestro entorno. Lo que nuestros padres decían acerca del dinero, del amor y la salud. Empieza a cambiar tu paradigma, tus palabras y tus actos en relación a estas áreas; son lo que tus hijos ven y escuchan de ti. Los mismos problemas pasan de generación en generación; la programación se va repitiendo. Lo que tú aprendiste de tus padres, las creencias que creaste serán las que aprenderán tus hijos. Pero tú ya tienes la consciencia y las herramientas para poder cambiarlo. Da a tus hijos un sistema de creencias que los lleve a experimentar una vida plena en todos los sentidos. Decreta una vida fantástica. Dales impulso para creer en ellos mismos y que vean que todo es posible. Se tú el encargado de romper con la maldición familiar de la pobreza, el desamor o la enfermedad. Ya sabes cómo hacerlo.

Sin darse cuenta, muchos adultos, en lugar de potenciar la autoestima de los niños, les hablan constantemente de las limitaciones, de los miedos y de la incertidumbre.

De alguna forma, los preparan para poder soportar una derrota, para paliar el dolor de un desengaño. Tenemos que fomentar su seguridad y autoestima.

Una vez escuché una historia increíble, de cómo un niño consiguió salvarse y también rescatar a su hermana pequeña de un feroz incendio que devastó su casa.

El niño tuvo la suficiente fuerza para coger en brazos a su hermana, salir por la ventana y situarse en el punto más alejado del fuego, andando descalzo por un tejado con una gran pendiente. Todo el mundo se preguntaba cómo había podido lograr tal hazaña.

¿Sabes por qué pudo conseguirlo? Porque no había nadie allí que le dijera que no podía hacerlo. Cuando cambias tu vocabulario y empiezas a utilizar un lenguaje de posibilidades y esperanza, tu vida cambia, de la misma forma que cambiará la vida de las personas que te rodean, de aquellos pequeños seres que habitan contigo. Ellos son el futuro, démosles herramientas para que puedan crean un mundo mejor y vivir una vida plena.

En el momento en que empiezas a vibrar en la frecuencia correcta y tienes claro lo que quieres en la vida, en lugar de enfocarte en lo que no quieres, todo va a moverse para acercarte a tus sueños.

Aunque no podamos ver ni entender lo que está ocurriendo en ese mundo invisible, en el mundo de las variantes, confía y permítete experimentar todas aquellas cosas maravillosas que llegan a tu vida.

Cuando podemos realizar un trabajo interno en nosotros, los cambios que experimentamos son increíbles. Cuando podemos perdonar y despedirnos de nuestro resentimiento, volvemos a sentirnos felices y en paz. Cuando podemos despedir la cólera, la ira, la frustración y la tristeza, nuestra vibración cambia. No obstante, por mucho que cambiemos nuestras programaciones, aquellas que llegamos a detectar, si no trabajamos con los pesos pesados que viajan de forma oculta en nuestro ser, ellos continuarán haciendo su trabajo y continuaremos vibrando en las emociones que nos crean.

En la infancia, muchas veces experimentamos situaciones que nos causan un gran dolor y que en aquellos momentos no podemos comprender. Toda esta información va a parar a un escondido lugar de nuestra mente y aunque sea bloqueada para evitar el dolor vinculado a ella, va a seguir guiando nuestra vida. Aunque estos sentimientos y experiencias viajen de polizones con nosotros y desconozcamos su existencia, van a seguir condicionando nuestros pensamientos y acciones. Van a continuar alejándonos de aquellas posibles fuentes de dolor para que no podamos volver a experimentarlo. La mala interpretación que hicimos, nos sigue condicionando. Aunque no recordemos qué sucedió, hubo cambios en nosotros a través de los comandos energéticos que se activaron de forma automática, creando unas promesas internas de peso que guían nuestras decisiones y ni siquiera sabemos que están en nosotros.

¿Alguna vez te ha ocurrido que has intentado hacer alguna cosa que la mayoría de la gente hace como algo normal y simplemente no has podido? Es decir, ¿algo normal y que tu mente consciente te pide que hagas pero te sientes totalmente incapaz? Podemos detectar muchas creencias detrás de situaciones de este tipo. Podemos recordar el entorno que teníamos y qué era lo que más veíamos y oíamos, pero ¿qué pasa con todas aquellas informaciones bloqueadas? Recuerda que nuestra mente tiene la gran misión de protegernos. Cuando no podemos manejar una información que nos resulta muy dolorosa, simplemente se bloquea para que podamos vivir nuestro día a día de forma «normal».

Podemos trabajar con el perdón para volver a sentirnos libres y en paz, soltando todas aquellas experiencias y personas que un día nos dañaron, pero ¿cómo trabajamos con todas esas informaciones que desconocemos? Todo aquello que yace invisible a nuestro conocimiento lo trabajaremos con la recapitulación. Cuando podamos desterrar estos comandos energéticos que actúan de forma clandestina en nosotros, experimentaremos grandes cambios. Te darás cuenta de que aquellos sentimientos y sensaciones que tenían lugar ante una situación concreta han desaparecido.

Estoy impaciente para que conozcas esta gran herramienta para trabajar a niveles tan profundos. Por tanto, decreta en positivo, no te canses de hacerlo. Debes adquirir el hábito de decirte cosas hermosas, de darte aliento e impulso, de hablarte con palabras de posibilidad y poder. Piensa que antes tenías el hábito de hablarte con palabras de desaliento, palabras de derrota e incertidumbre. Recuerda tu diálogo interno: ¿Cómo te hablas? ¿Qué te dices a nivel mental? ¿Qué órdenes te das? ¡Puedes controlarlo! Cambia el hábito de hablarte mal y con palabras de fracaso por el hábito de hablarte con palabras de amor, respeto y poder.

Controla tu lenguaje, presta atención en lo que decretas si no quieres experimentar lo que llamamos profecía autocumplida. Por mucho que estés repitiendo tus frases de poder y utilices la TCD, si durante el resto de tu día te mantienes en conversaciones negativas, te quejas de tu situación actual y las palabras negativas colman tu vida ¿qué crees que pasará? ¿Cuántas horas tiene el día? ¿Cuántas horas al día estás concentrado en crear lo que deseas? Puede que tengas unos tiempos reservados a crear lo que quieres, pero, ¿de qué hablas el resto del día? No puedes decretar amor y esperar una maravillosa relación de pareja si estás continuamente recordando y hablando de tu mala experiencia pasada. No puedes atraer el amor si continuas enfocado en el pasado y criticando la experiencia con tu expareja. No puedes atraer el dinero si constantemente estás hablando de la ausencia de él o entras en conversaciones sobre la crisis o lo mal que lo pasan algunas personas a nivel económico. No puedes atraer la salud que deseas si continuamente hablas de tu enfermedad.

LAS RELACIONES CON LOS DEMÁS SON NUESTROS ESPEJOS

Recuerda la potente vibración de nuestro corazón. No la uses para odiar y destruir, sino para amar y crear.

Todas las relaciones que mantenemos con otras personas nos sirven de espejo.

Los amigos, amores, familiares y compañeros de trabajo, actúan como maestros, mostrándonos aquellas partes que no nos gustan de nosotros mismos o que nos negamos a aceptar. Todas las relaciones interpersonales son oportunidades para crecer y para ganar consciencia. Si somos buenos observadores y vamos un paso más allá, podemos recabar informaciones muy valiosas.

A veces sentimos un fuerte rechazo hacia una persona. En lugar de limitarnos a decir: «no me gusta», «no sé qué tiene x pero no estoy nada a gusto con él/ella» vamos a ir un paso más allá para observar qué es lo que esta persona nos está mostrando. ¿Qué es aquello que te disgusta? ¿Es algo que te niegas a aceptar de ti mismo? ¿Es algo que tú también tienes y no te gusta? O por el contrario, ¿es algo que aquella persona es o tiene, que tú también eres o tienes y a causa del miedo no permites que salga?

Te conté que yo era muy tímida. Hubo una época, en mi adolescencia, en que me vi rodeada de personas muy simpáticas y extrovertidas. No entendía el porqué, pero me sentía muy incómoda estando con ellas y mostraba rechazo incluso hacia alguna. Me di cuenta de que estaba evitando estar con personas que me mostraban mi verdadera naturaleza, una naturaleza que llevaba reprimida a causa de mi timidez. Las personas que me conocen de verdad, saben que soy muy divertida y extrovertida, pero en aquellos tiempos, mi timidez y mi miedo al ridículo me hacían estar contenida por completo.

Se podría decir que había dos personas en mí; La social y la de puertas para dentro y por supuesto, nada tenían que ver la una con la otra.

La oportunidad que nos brindan otras personas para llegar a conocernos a nosotros mismos es muy valiosa. Recuerda que el primer paso para el cambio es la consciencia.

En este punto quiero aclarar una cosa. En el libro La magia que duerme en ti, concretamente en el apartado dedicado a la estrategia chamánica, te explicaba lo importante que es separarnos de personas que aún mantenemos al lado y que realmente son tóxicas y dañinas para nuestro proceso. Aclaro este punto porque una cosa es que rechaces a una persona tóxica, que se queja, que critica y te crea malestar y lo otro es que haya alguna resistencia hacia alguna persona que te crea incomodidad por el hecho de estarte mostrando alguna cosa que no te gusta de ti mismo.

Normalmente todos los rasgos de personalidad que vemos en otras personas están también en nosotros. Lo bueno de ganar consciencia es que puedes aceptar aquello en ti y de esta forma puedes liberarlo. Si realmente es algo que no te gusta para nada, ya sabes que puedes reeducarte, puedes cambiar lo que quieras. Pero mientras permanecemos negándolo, no dejará de perseguirnos. Recuerda que lo que ves fuera es lo que tienes dentro. Aunque cambies de entorno, vuelves a encontrarte con lo mismo y es porque se proyecta fuera lo que llevas dentro.

Cuando iniciamos nuestro camino de crecimiento espiritual, ganamos consciencia y nuestra vibración cambia. Realizamos cambios profundos en nuestro interior y poco a poco nuestro exterior, nuestro entorno, también refleja estos cambios. Tenemos tendencia a detestar de forma automática todo aquello que otras personas manifiestan y que no queremos reconocer ni valorar en nosotros. Y de la misma forma, tenemos la tendencia de que nos agraden las personas que muestran rasgos que nos gustan y amamos de nosotros mismos. Ya conoces la ley de polaridad. Todo tiene dos polos, el positivo y el negativo. Imagínate un termómetro: en la temperatura máxima está el valor y en la temperatura mínima, el miedo. Nos podemos mover de un extremo a otro. De igual manera que una persona en algún momento puede haberte causado un gran daño, puede haberte traído con ello grandes bendiciones que a lo mejor no observaste.

Una forma de ganar consciencia sobre estos rasgos que no queremos reconocer en nosotros mismos, es hacer un ejercicio muy simple. Al igual que te contaba que me molestaba y me sentía muy incómoda en mi época de timidez estando rodeada de personas muy abiertas y extrovertidas, mira a ver qué es lo que está sucediendo cuando una acción de alguien te crea malestar. En mi caso, descubrí que ver a esas personas mostrarse tal cual eran, me creaba dolor porque yo no me creía capaz de poder hacerlo. La vergüenza me tenía paralizada y no me permitía ser yo misma.

Cuando veas a alguien haciendo algo que te disgusta o manifestando un rasgo de carácter que te crea malestar, pregúntate cuándo hiciste tú eso también a otros o cuándo manifestaste también ese rasgo. Si nunca lo hiciste, entonces tendrás que preguntarte, por qué te molesta tanto esa actitud o por qué no te atreves a expresar lo mismo que aquella persona. Ya sabes que para crecer, ganar consciencia y evolucionar, debemos ser tremendamente sinceros con nosotros mismos. No hay otra opción. Aunque a veces duela, tenemos que decirnos siempre la verdad.

Las personas con las que nos relacionamos nos ayudan a conocernos mejor, nos muestran quiénes somos, dándonos la oportunidad de amarnos y perdonarnos a nosotros mismos y a la vez reconocer y aceptar esos rasgos que nos reflejan. Es importante que nos aceptemos y perdonemos. Ya sabes que muchas veces actuamos mal por las heridas de nuestro ego. Perdónate y perdona, te mereces ser feliz. Estamos constantemente buscando aprobación exterior. Cuando llegas a aceptarte por completo y te amas con toda tu alma, te permites ser tú por completo. ¿Cuantas veces hemos actuado de formas que no son naturales en nosotros para encajar? Cuando te amas a pesar de todo, te permites ser tú mismo, recuperas tu autenticidad. Buscamos el amor en el exterior, pero el amor debe de estar dentro de ti. Tú tienes que ser la persona que más te quiera.

Cuando tú sabes quien eres, no tienes nada que demostrar a nadie.

Porque, ¿sabes una cosa? Nos pasamos la vida intentando encajar, buscando la aprobación de los demás, renunciando a nuestros sueños y pasiones para evitar ser rechazados. La verdadera libertad se experimenta cuando te das permiso para ser tú mismo. Cuando te das permiso para ser auténtico al 100%. Fíjate que las personas auténticas y apasionadas son las más admiradas y queridas. Son personas fieles a lo que son en realidad, con ideales claros y amor hacia sí mismos. Son personas que se aman y se permiten ser ellos mismos en todo momento. Para recibir amor, tienes primero que amarte, ya sabes que lo que hay dentro lo ves fuera.

Date permiso para ser auténticamente tú. Ha habido muchísimas personas que han poblado la tierra durante toda la Historia, pero ninguna como tú. Eres una persona única y especial, eres auténtica porque naciste siéndolo. Reencuéntrate, quiérete, date todo el cariño posible, trátate como alguien inimitable, porque lo eres.

Aprende a ser feliz «a pesar de...» Aprende a experimentar la felicidad aunque estés enfermo, aunque estés solo, aunque tengas problemas, aunque estés pasando un mal momento... Cuando aprendes a dirigir tu foco y cambias de trayectoria, cuando en lugar de enfocarte en aquello que puede crearte malestar, te enfocas en ti y empiezas a amarte más que a nada y empiezas a agradecer todo lo que tienes, la luz de ese foco crece en tu interior. Recuerda que no hay nada malo en ser agradecido con lo que tenemos mientras perseguimos lo que queremos. Todo depende de tu interior, de lo que tú sientes y experimentas. Pase lo que pase en tu vida, quiérete, perdónate y sé agradecido. Muchas de nuestras peores épocas, vistas con distancia, fueron puntos de inflexión.

Escoge ser feliz sin un motivo aparente, escoge ser feliz a pesar de lo que esté sucediendo a tu alrededor, porque cuando te puedes situar en este punto, todo se vuelve más fácil.

La felicidad es una decisión personal, no viene del exterior.

Detrás de cada gran desafío siempre hay un gran regalo. En nuestra vida hay cosas que se deben torcer, hay personas que deben partir, hay personas que deben quebrarte para que puedas reconstruirte; debemos experimentar situaciones que nos creen dolor, porque todo este dolor será nuestro trampolín para el cambio. Ese dolor nos dará poder, nos hará entrar en nosotros mismos, nos permitirá conocer y hará que nos volvamos a situar en la vida, que cambiemos nuestra estrategia y decidamos de nuevo qué es lo que realmente queremos hacer. Cuando aprendemos a ver todas estas situaciones como oportunidades para nuestro crecimiento y para poder dirigirnos hacia algo mejor, aunque haya un dolor inicial, aprendemos a estar profundamente agradecidos al desafío.

El otro día, una amiga me mandó un vídeo de Martha Debayle, una reconocida emprendedora, comunicadora y conferenciante. En ese vídeo contaba que se divorció a los 32 años y se encontró viviendo en casa de su madre, con dos niñas muy pequeñas y sin dinero. Explicaba cómo al inicio lloraba cada noche mientras pensaba qué podía hacer. Un día creció en ella la idea de montar una empresa. Su decisión fue rechazada por su entorno pero ella siguió adelante, siguió la llamada que venía de su alma. En esa charla habla de lo importante que fue para ella vivir toda aquella situación y experimentar toda aquella desesperación y dolor. Ese dolor la impulsó a crear algo increíble. Si todo aquello no hubiera sucedido, si no hubiera experimentado lo que experimentó, seguramente no sería quien es en la actualidad.

Cuando aprendemos a ver las posibilidades que hay detrás de una situación de dolor, cuando aprendemos a confiar, a querernos y a ser felices a pesar de las circunstancias, volvemos a tomar el control de nuestras vidas en lugar de continuar flotando como un barco de papel a la deriva. Entiende que todo ocurre porque así debe ser. Aprende a confiar en la vida, confía en que todo son aprendizajes que te hacen mejor, confía en que todas aquellas despedidas deben suceder para dar lugar a algo superior. Cuando empiezas a mirar la vida con otros ojos, cuando confías en que existe un plan que ni siquiera puedes vislumbrar, continuas viviendo feliz, te muestras atento a las señales externas y a aquella voz interior que te guiará hacia una vida mejor.

Todas las personas que han logrado grandes cosas parten de momentos de quiebra total. Personas que lo han perdido todo y no solo a nivel económico. Estas personas han utilizado ese dolor intenso como catapulta para saltar hacia lo que han querido lograr. Cuando aprendes a ver las oportunidades escondidas, en lugar de quedarte en el agujero llorando y experimentando el dolor, entiendes que esa situación es una bendición disfrazada de fracaso. Porque piensa que hay un momento en la vida en que crees que no puedes más y en aquel preciso momento te vuelves invencible.

Vivimos tratando de evitar el dolor. En nuestra mente evitar el dolor tiene preferencia a experimentar placer. Usa ese dolor para salir corriendo de aquella situación, úsalo para crear, para redirigirte en la vida. Es una gran oportunidad para cambiar el mapa de ruta.

Cambia el resentimiento por gratitud y tu vida experimentará un gran giro.

RECUPERANDO LA AUTENTICIDAD

Como te comentaba, nos pasamos la vida sin ser lo que realmente somos. No nos atrevemos a mostrarnos tal cual somos por el miedo a ser rechazados y, de alguna forma, experimentamos un sentimiento de vergüenza, porque alguna vez en nuestra vida nos hicieron avergonzar de una parte auténtica de nosotros mismos.

Déjame que te hable un poco de la vergüenza a través de esta bonita historia:

«Un hombre entra en una sastrería para encargar un traje nuevo. El sastre le toma las medidas y le dice que regrese dentro de una semana. Al cabo de una semana, el hombre regresa a recoger su traje nuevo, pero cuando se lo prueba delante del espejo se da cuenta de que una manga está demasiado corta, al igual que una pierna y la cintura es demasiado ancha. Cuando se lo dice al sastre este se lo mira frente al espejo y le dice:

— No, al traje no le pasa nada; es solo que no se ha puesto bien. Mire, primero tiene que esconder el brazo así, luego la pierna así y tiene que sacar barriga. Vea, ahora le queda muy bien.

Convencido, el hombre sale cojeando de la sastrería con su nuevo traje. Cuando va renqueando lentamente calle abajo, dos señoras pasan a su lado y una le dice a la otra:
– ¿Has visto a ese pobre hombre tan deforme? ¡Vaya, que pena!
– Sí. —responde la otra.
– Qué pena tan grande, pero ¿te has fijado que traje tan bonito llevaba?

Esta es una historia que habla directamente de la vergüenza y de los condicionantes.

De alguna forma, todos nosotros somos como este pobre hombre que entra en la sastrería. Y el sastre es la cultura, los padres, los profesores y los amigos con los que hemos crecido y que nos han dado un traje que no nos iba bien, convenciéndonos de que era perfecto para nosotros. Desde entonces, hemos ido cojeando y encogidos por la vida, desconectados de nuestra verdadera autenticidad. De pie, frente al espejo, todos sabíamos muy bien en el fondo de nuestro corazón que aquel traje nos nos iba bien, pero el sastre tenía demasiado poder.

Nuestro miedo tiene muchas capas, algunas de ellas existenciales pero, ¿qué pasa con nuestra vergüenza? La vergüenza nos roba poder y claridad para enfrentarnos a las incertidumbres de la vida. La vergüenza nos roba la habilidad para vivir la vida con totalidad, alegría y coraje, de forma amplia y creativa.

Al observar el trayecto desde la mente al corazón, nos damos cuenta de que lo que nos mantiene en la mente es una antigua falsa identidad, aprendida y condicionada que bloquea a la verdadera por relacionarla con adjetivos como indigna o inadecuada. A esta parte de nosotros podríamos denominarla «mentalidad de la vergüenza» y está llena de creencias negativas uno mismo. Nos quita poder y nos mantiene encarcelados.

La vergüenza no tiene nada que ver con quienes somos en realidad. Cuando nos observamos desde el corazón, nos damos cuenta de que todos nuestros juicios hacia nosotros mismos son producto de nuestros condicionamientos. Partiendo del corazón podemos empezar a redescubrir esa parte de nosotros que es natural, cariñosa, confiada, feliz, espontánea y sobretodo LIBRE.

¿Por qué huimos de nosotros mismos de forma tan eficaz? Es porque estamos llenos de vergüenza y enfrentarla es doloroso. Nosotros no llegamos a este mundo sintiéndonos temerosos o indignos. Llegamos como lienzos en blanco, con un potencial increíble. Llegamos poderosos, creativos, felices, confiados y amorosos. Pero poco a poco, todas estas cualidades se van cubriendo con el manto de la vergüenza.

Cuando somos niños, necesitamos desarrollar la confianza y el amor propio con un espejo positivo, alguien que nos apoye para ver y sentir quiénes somos. Cuando en lugar de sentir esa reafirmación, se nos coloca en un molde de expectativas y proyecciones de los demás, acabamos cubriendo nuestro núcleo esencial de autoestima, espontaneidad y autenticidad con miedos e inseguridades. Nos cubrimos con una manta de vergüenza.

La vergüenza es un estado interior en el que sentimos que estamos equivocados. Es un sentimiento profundo de humillación. Este sentimiento está presente. Hay personas que lo viven intensamente y otras que han podido taparlo con compensaciones. Este sentimiento aflora cada vez que nos sentimos rechazados, cada vez que perdemos un trabajo, cada vez que experimentamos el desamor, cada vez que alguien nos muestra su desaprobación.

¿Cómo aceptar la vergüenza? Cuando nos miramos al espejo, muchos nos vemos confrontados con la vergüenza: «eres demasiado vieja», «no eres guapo», «eres demasiado serio», «eres demasiado baja», «estoy demasiado delgado», etc. Sea la que sea la frase que más se adapte a ti, normalmente los primeros pensamientos suelen ser de juicio; siempre sientes que hay algo en ti que está mal. Es importante poder aceptar esta parte de nosotros, una parte aprendida y medida bajo el prisma de otras personas. Es importante aceptar que está presente en nosotros para poder trabajar en ella, porque sino nuestra vida es un continuo esfuerzo para intentar no sentirla.

Nuestra vergüenza proviene del hecho de que invalidaron nuestra energía a muy tierna edad, se nos rechazó energéticamente a nivel profundo. Viene de todos aquellos momentos en que no aceptaron una parte de nosotros, haciéndonos creer que esta parte no era buena. Durante el proceso de encontrarnos con nosotros mismos, nos miramos en los espejos que nos rodean: de los adultos, de los padres, de los profesores, amigos o hermanos mayores. La única idea de nuestra imagen viene dada por el reflejo de nuestra identidad en estos espejos externos. Si el reflejo del espejo fue positivo, si nos aceptaban, amaban y respetaban, creamos una buena sensación de nosotros mismos.

Cuando estos reflejos externos no te respaldan y aceptan, empiezas a creer que eres extraño y que debes empezar a esconder tu esencia para poder llegar a encajar en ese molde correcto. De alguna forma, nos convertimos en unos seres falsos para con nosotros mismos. Empezamos a comportarnos como se espera que lo hagamos, siendo infieles a lo que somos en realidad. Cuando somos niños aprendemos por imitación, aprendemos observando y sacando falsas conclusiones de cómo es correcto actuar en la vida. Cuando nos encontramos con un condicionamiento positivo, esta parte mostrada se nutre. Cuando un reflejo nos hace sentir tomados en cuenta, amados y aprobados, cuando experimentamos algo, ya sea miedo, deseo sexual o ira y estos sentimientos han sido validados, automáticamente desarrollamos un sentimiento de confianza en esos sentimientos. Esta validación nos da confianza para interactuar con el exterior. Si por ejemplo, nuestras primeras investigaciones sexuales fueron respetadas, mantenemos un contacto sano con nuestra sexualidad.

Pero ¿qué pasa cuando nos encontramos con un condicionamiento negativo?

Lamentablemente, la mayoría de nosotros no obtuvimos un condicionamiento positivo. Fuimos educados por personas que a su vez fueron educadas y condicionadas con sentimientos de vergüenza. Si en una primera investigación de un sentimiento, experimentamos un condicionamiento negativo hacia él, automáticamente nos desligamos de éste. Cuando somos niños somos tan vulnerables y necesitamos tanto el amor y la aprobación exterior, que no hace falta gran cosa para disuadirnos. Hemos crecido en un mundo donde buscando amor y aprobación, hemos estado siempre pendientes de la mirada de los adultos. Y para conseguir esa mirada positiva y esa aceptación, nos hemos adaptado a lo marcado por ellos. Empezamos a actuar interpretando un guión basado en las creencias y valores de nuestros padres y de la sociedad.

Es vital para que lleguemos a sanar nuestra vergüenza que entendamos que nos entregamos a vivir la vida de nuestros padres en lugar de la nuestra, que nos adaptamos para encajar en un molde buscando amor y aprobación, de la misma forma que ellos lo hicieron. Nuestros padres no contaban con los conocimientos que ahora mismo nosotros tenemos, y nos educaron desde su programación, aprendida de sus padres y de la sociedad en aquellos años.

En mi caso, me avergonzaba de no ser perfecta. Tengo un padre muy exigente y esto por supuesto me marcó, esta exigencia me ha convertido en una persona también exigente e impecable, pero cuando llegas a experimentar sentimientos de vergüenza cuando no puedes llegar a la perfección que tú crees óptima es algo importante a trabajar.

Recuerdo un Domingo, que había invitado a unos compañeros a casa para trabajar.

No habíamos quedado en una hora en concreto pero yo pensaba que al igual que la vez anterior, que nos habíamos encontrado en otra casa, llegarían a media mañana.

Aquel día pasó de todo para desmontar mi perfección. Nunca me duermo por la mañana. La noche anterior estuve trabajando y me acosté más tarde de lo habitual y aquella misma tarde se me estropeó la nevera. El domingo por la mañana, el despertador no sonó; me desperté y vi la hora, fui a buscar mi teléfono y vi que tenía varias llamadas de una de mis compañeras que había llegado y estaba buscando mi casa. La llamé y mientras le estaba dando las indicaciones, subía la persiana del balcón del comedor de mi casa cuando de golpe la persiana se rompió y cayó con un fuerte estruendo.

Un minuto después llegó Ana, fui a abrirla en pijama y con unos pelos al estilo roquero. Subimos. La cocina estaba llena de agua que la nevera había perdido durante la noche, la persiana del comedor se acababa de romper... ¡y yo en pijama!

Siempre bien arreglada, bien vestida, todo perfecto... me habría gustado haber ido a comprar un buen desayuno para ofrecerles cuando llegasen. Mientras hablaba con mi amiga sonó el timbre y llegaron dos compañeros más que tuvieron el gran placer de verme en pijama. Cuando subí y pude por fin ir a arreglarme me di cuenta de que esa era una señal directa a mi vergüenza. No era una pura casualidad que todo ocurriera como ocurrió. Así que me relajé, me reí muchísimo, trabajé mi importancia personal y me di permiso para disfrutar de un gran día a pesar de...y empecé a trabajar con mi vergüenza aprendida, para ser feliz y PERFECTAMENTE IM-PERFECTA.

Como verás en la última parte del libro con la recapitulación, una vez hemos trabajado sobre una promesa interna, vamos a reforzarla en nuestro día a día con los no-haceres. Los no-haceres son acciones contrarias a las que has estado haciendo toda tu vida. Por ejemplo, en mi caso, como te acabo de contar, aquel día practiqué el no-hacer de no ser perfecta.

Como te explicaré, la recapitulación es una gran herramienta para trabajar con todas esas promesas, con todas esas órdenes que nos dimos hace ya tanto tiempo y que guían día tras día nuestras vidas. Estoy impaciente de que conozcas esta gran herramienta y puedas empezar a trabajar en todo aquello que un día se creó en ti y actualmente limita tu vida.

En nuestra infancia es donde más promesas internas creamos. Nuestros padres lo hicieron lo mejor que sabían y nos dieron la niñez que ellos conocían. ¿Qué otra cosa podían hacer sino criarnos con sus valores? Muchos padres CREÍAN que la disciplina e incluso el castigo físico eran necesarios para forjar un buen carácter. Como expresó Alice Miller: «No son solo la represión individual y el trastorno de nuestros padres, profesores y líderes religiosos lo que causa la vergüenza, sino los malos entendidos de la sociedad, pues en la mayoría de las culturas, la vergüenza es una forma aceptada de criar a los niños». De hecho, lo que creará un cambio y realmente está sucediendo, es la toma de conciencia general del proceso de la vergüenza; la comprensión de que los niños necesitan desarrollar sus propios dones intuitivos y formar sus propios valores.

Nuestra convicciones negativas frecuentemente provienen de la vergüenza. En el fondo, todos tenemos creencias negativas sobre nosotros mismos y sobre la vida que provienen de la vergüenza, siendo estas muy poderosas al determinar nuestra visión del mundo. Estas convicciones afectan a nuestra relación con los demás, nuestra creatividad y nuestra actitud hacia la propia vida. Estas convicciones, como bien sabes, no son visibles, muchas veces permanecen enterradas en nuestro subconsciente. Las más comunes son las que empezamos a trabajar en La magia que duerme en ti.

Convicciones como:

«No puedo», «No lo voy a lograr», «Fracasaré», «No soy digno de amor», «Soy un desastre», «No soy merecedor», «Nunca puedo conseguir lo que quiero», «Si me abro me harán daño», «Si me muestro tal cual soy me rechazarán», «Esto no es para mí», «No soy lo suficientemente bueno» etc.

Pregúntate cuáles son las convicciones que permanecen en ti, cómo las formaste y cómo has adaptado tu comportamiento a ellas. Ya sabes que todas estas creencias negativas se acaban convirtiendo en realidades. Están tan fuertemente arraigadas en nosotros y en nuestra estructura de pensamiento que acabamos viviendo en función de ellas; vivimos nuestra vida como si fueran verdades. Si emitimos el pensamiento de que no somos dignos de amor, es como si lleváramos un letrero con letras que digan: «Recházame». No nos damos cuenta de que todas estas creencias negativas no son nada más que una proyección externa de nuestra vergüenza. Cuando pensamos que si nos abrimos nos rechazarán, llegamos a experimentar la sensación de que si bajamos nuestra protección y nos abrimos, podemos experimentar el dolor del rechazo. En el pasado padecimos alguna forma de rechazo o incluso castigo y nuestro niño herido aún mantiene el miedo. El miedo y la culpa nos limitan, impidiéndonos vivir una vida plena.

Para poder entender la culpa es necesario que nos observemos y lleguemos a determinar cómo nos sentimos. No es necesario retroceder hasta nuestra niñez para recuperar o recordar las formas en que fuimos avergonzados, ya que esto continúa sucediendo en la actualidad, cuando alguien nos dice alguna cosa y nos marchamos sintiéndonos mal, por ejemplo, o bien siempre que nos rebajan, nos critican o nos juzgan. Cuando alguien se mofa de nosotros o nos avergüenza, nos hace conectar con ese sentimiento tan profundo.

Muchos adultos no saben cómo reaccionar al experimentar estas situaciones externas; no se ven capaces de decir nada y se alejan, dejándolo pasar, aunque una voz en su interior les diga que lo que han experimentado no ha estado bien. Muchas veces, cuando esta voz aparece, intentan quitarle importancia a lo sucedido, pero aquel episodio se aloja en su interior y continúa alimentando su vergüenza y desgastando su autoestima. Hay personas que no se atreven a decir nada por el hecho de tener que «enfrentarse» a la persona artífice de ese ataque. Pero cada vez que se dejan pasar estas cosas, estamos aplazando el inicio del proceso para recuperar nuestra dignidad.

El mayor paso para iniciar el trabajo con nuestra vergüenza es saber que está en nosotros y poderla identificar. Muchas veces experimentamos vergüenza cuando estamos con alguien a quien consideramos de alguna forma más poderoso, cuando nos sentimos inferiores a esa persona o incluso con personas del sexo opuesto. Cuando esto sucede, se tiende a adoptar una actitud más servil, a veces nos sale la voz como atascada, no sabes exactamente cómo comportarte o qué decir. Te sientes muy inseguro, no sabes cómo actuar y muchas veces acabamos diciendo cualquier estupidez, que aún nos hace sentir más avergonzados. Seguro que esta experiencia te resulta familiar, porque todos alguna vez en nuestra vida la hemos experimentado.

Entonces, el primer paso para curar esta profunda herida es ganando consciencia, sabiendo que existe, ver cómo la sentimos y observar qué es lo que la provoca. Más adelante trabajaremos en el origen de esta herida, pero cuando puedes detectar en la actualidad cuáles son los detonantes de experimentar esa emoción, jugarás con más pistas a tu favor.

Es vital poder trabajar en la vergüenza porque podemos volver a ser quienes somos, podemos permitirnos mostrarnos tal cual somos y actuar acorde a nuestros valores sin sentirnos frenados por la aceptación o el rechazo de nuestro entorno. Recuperar nuestra autenticidad es el regalo más grande que podemos hacernos. Cuando te permites ser tú en cualquier momento, experimentas la verdadera libertad. Y ya sabes lo que pienso:

«Si tú sabes quién eres, no tienes nada que demostrar a nadie».

ROMPIENDO PATRONES

Todo lo que nos sucede viene marcado por nuestra programación. Todos aquellos eventos significativos pasados crearon en nosotros una serie de creencias que continúan disparándose en diferentes situaciones de nuestra vida. Cuando en nuestra vida actual experimentamos situaciones parecidas a estos eventos significativos pasados, es como si retrocediéramos en el tiempo. Esta regresión que experimentamos, aunque no a nivel consciente, nos hace reaccionar de la misma forma como lo hicimos entonces.

Ahora imagínate el caso de un niño que cuando actuaba «mal» era castigado y encerrado en una habitación para que pudiera reflexionar sobre la razón de su comportamiento. En la actualidad es un adulto, maduro y aparentemente seguro de sí mismo, pero cada vez que experimenta un conflicto con alguien, de manera inconsciente repite la pauta pasada. Cada vez que tiene un conflicto, se encierra, se aísla y revive la soledad que experimentó siendo niño.

Todas las formas que tenemos de reaccionar vienen guiadas por nuestros condicionamientos. A veces, cuando aprendemos a observarnos, no podemos llegar a comprender de manera lógica por qué actuamos de formas tan concretas. Muchas veces los eventos o situaciones que marcaron estas reacciones, permanecen ocultos en nuestra mente. Nuestros comportamientos actuales son el efecto de unas causas que los originaron y es preciso poder viajar a ese origen para poder cambiar la reacción.

Como muchas veces estos orígenes viajan escondidos en nosotros, requeriremos usar técnicas como la recapitulación para poder trabajar directamente en ellos.

Cada vez que experimentamos situaciones actuales que nos hacen reaccionar de esta forma automática, viajamos atrás en el tiempo experimentando, de alguna forma, lo que sentimos entonces. ¿En alguna ocasión has tenido una reacción totalmente desproporcionada frente a una situación? Respondes de forma prácticamente visceral.

En aquel momento sale automático y no lo puedes controlar. Más tarde, reflexionas sobre lo que ha sucedido y no entiendes cómo pudiste actuar de forma tan desmesurada.

Esta forma de actuar, a veces ilógica, irracional y desproporcionada, tiene su origen en nuestra infancia. A estas alturas ya sabes que el 90% de nuestro día estamos reaccionando de forma automática a los estímulos externos, guiados por nuestra programación subconsciente. Esas heridas que todos nuestros niños interiores llevan, son las encargadas de hacernos reaccionar de forma concreta ante un estímulo parecido.

De la misma forma que un adulto que se enfrenta a un conflicto reacciona buscando soledad, otro adulto, delante del mismo conflicto, puede reaccionar con violencia física.

Todas estas heridas que llevamos, en lugar de ir mejorando con el tiempo, tienden a empeorar. Es como una bola de nieve, cuanto más tiempo lleve rodando, más grande será. Cuanto antes podamos empezar a sanarlas, mejor que mejor, ya que nuestra vida presente y futura está totalmente sometida a ellas, y la única persona con poder para hacerlo, eres TÚ.

En estos momentos tienes plena consciencia de cómo nuestra programación y las heridas causadas en nuestra infancia están guiando cada uno de los pasos que damos en nuestra vida. Todas estas programaciones son las que nos rigen, nos dirigen, las que nos hacen poner en marcha unas cosas y las que nos hacen sentir incapaces de llevar a cabo otras. Ha llegado el momento de sanar todo aquello que un día nos causó tanto daño; ha llegado el momento de romper patrones. De sanar lo que un día se rompió.

Todos estos dolores pasados, se repiten en las familias de generación en generación. Imagínate a un niño que ha sido humillado, rechazado y maltratado físicamente por su padre. Lo más habitual, por desgracia, será ver repetir este patrón en el hijo cuando se convierta en padre. Esto es lo que se conoce como «identificación con el agresor».

En estos casos, para poder «sobrevivir» al dolor causado, el niño pierde la consciencia de su identidad y de forma automática se identifica con su agresor. Cuando hay traumas psicológicos fuertes, se vive la identificación con el agresor. Recuerdo que una vez leí un artículo de Laura Guttman donde hablaba de los niños violentos. Lo primero que hacía era una pregunta: ¿Niños violentos o niños violentados? A los niños los educamos con palabras, pero sobre todo con acciones. Alguien no puede estar regañando a su hijo, diciéndole que no se pega si continuamente le está pegando. Por mucho que hables, lo que cuentan son las acciones, lo que el niño ve y experimenta en su entorno.

Es importante poder romper el patrón, ya que nuestras formas de interactuar con el mundo vienen de lo que experimentamos siendo niños, de la misma forma que lo experimentaron nuestros padres y puede que también nuestros abuelos. Es vital poder trabajar en toda esa información escondida en nosotros; primero, porque esta programación subconsciente es la que rige nuestra vida, y segundo, para no dejar el mismo legado a nuestros hijos y nietos.

Es nuestra obligación moral trabajar en estas heridas, por nosotros mismos y por nuestros hijos. Cuando no hay consciencia y arrastramos estas profundas heridas con nuestras formas de actuar, de alguna forma estamos propiciando que nuestros pequeños también las sufran. Recuerda que no podemos dar lo que no tenemos. Trabajar en nosotros mismos es lo mejor que podemos hacer.

Son importantes las palabras que usamos en nuestro entorno, pero las acciones tienen más peso. Nuestra forma de actuar será lo que verán nuestros hijos. ¿Recuerdas las neuronas espejo? Estas neuronas nos hacen conectar inmediatamente con el sentir de las personas que estamos viendo. Cuando estamos observando a una persona sonreír o bostezar, nuestras neuronas espejo nos hacen repetir la misma acción y conectar con el sentimiento que lo genera. Por mucho que le digas una cosa a tu hijo, si tú estás transmitiendo todo lo contrario, eso es lo que le llegará. Aunque quieras esconderlo, si estás continuamente enfadado, eso es lo que transmites. Si estás frustrado, indignado, triste, rabioso o derrotado, eso precisamente es lo que captarán de ti.

Construyamos un mundo mejor, con nuestras palabras, nuestros pensamientos, nuestro sentir y nuestras acciones.

Si nuestros padres nos hicieron sufrir, significa que ellos también habían sufrido y aún estaban sufriendo. Trabajemos en el origen de todo este dolor que aún llevamos; este dolor que nos pone barreras en lugar de construirnos puentes. Es importante desarrollar la compasión, llegar a entender y saber perdonar. Ha llegado el momento de quitarnos de encima el peso que cargamos desde hace tanto tiempo. El resentimiento, la rabia y el dolor, no son buenos compañeros de viaje. Es hora de empezar a decirles adiós.

«La gente lastimada lastima a otros.
Es así como el patrón del dolor se transmite,
generación tras generación.
Rompe la cadena hoy.
Enfrenta la ira con solidaridad,
el desprecio con compasión,
la crueldad con amabilidad,
los malos gestos con una sonrisa.
Perdona y olvídate de encontrar un culpable.
El amor es el arma del futuro».
Yehuda Berg

Vamos a romper patrones. Patrones de limitación que ya experimentaron nuestros padres y que ahora vivimos nosotros. De una cosa estoy convencida: si tienes este libro en tus manos, puedo adivinar que eres una persona comprometida y que quiere mejorar su vida.

EL PODER DE LA GRATITUD

De la misma forma que puedes llegar a ser feliz a pesar de los problemas que puedas estar viendo reflejados en el exterior, también puedes llegar a experimentar la gratitud, sea lo que sea lo que esté aconteciendo en tu vida. Cuando puedes llegar a unos niveles de comprensión y consciencia, desde los cuales entiendas que todo está dispuesto para tu crecimiento, abandonas el rol de víctima y vibras en la gratitud.

Todo lo que nos sucede son situaciones para ayudarnos a superarnos y a crecer, porque en definitiva, ¿qué son los problemas? Podemos llamar «problema» a aquello que aparece en nuestra vida, después de haber estado alimentando de forma reiterada la parte negativa de nuestro pensamiento. Todos los problemas que experimentamos son grandes maestros y nos dan una información muy valiosa para poder llegar a descubrir cuáles son nuestros focos de pensamiento. Los problemas nos desvelan nuestra mentalidad. Lo que vemos reflejado en nuestro exterior es una pista de lo que tenemos en nuestro interior. Cuando no nos gusta lo que vemos fuera, debemos hacernos responsables y cambiar lo que llevamos dentro. Nuestro exterior es el efecto de nuestro pensamiento y nuestro sentir, que es la causa.

Todo lo que nos llega, todas aquellas cosas que nos enfrentan a una realidad desagradable, todo aquello que aparece, nos brinda la oportunidad de conocernos, de tomar responsabilidad y trabajar en el foco interno que lo originó. Así que cuando algo no va bien, en lugar de situarnos en la posición de víctima y quejarnos de lo mal que estamos, de que todo nos sucede a nosotros, debemos reorientar las preguntas que nos hacemos para tomar responsabilidad en el asunto. En lugar de la queja, vamos a ver qué pasa para poder trabajar en ese efecto que se refleja en nuestra vida. ¿Qué debo aprender de esta situación? ¿Qué papel tengo yo en todo esto? ¿Qué mentalidad tengo que me ha llevado a experimentar estas situaciones?

Cuando nos colocamos en un papel activo, de una persona hacedora y responsable, inmediatamente anulamos el rol de víctima, el rol de una persona a la que todo le sucede, una persona que cree vivir su vida sin ningún tipo de control. Ya sabes que manifestamos nuestros pensamientos recurrentes, que nuestra vida nos acaba trayendo aquello en lo que más enfocados estamos. Ahora bien, cuando puedes abandonar tu rol de víctima y colocarte en otro lugar, en un lugar de poder, donde sabes que tú tienes autoridad para trabajar en lo acontecido, tu sentir cambia automáticamente.

Hay personas que se quejan absolutamente por todo, por cualquier pequeño obstáculo u ofensa y si no, llegan a quejarse incluso de cosas que no les afectan directamente. Experimentan una adicción interna intensa a sentirse ofendidos y víctimas de las circunstancias. Cuando tenemos la consciencia y el entendimiento de cómo funcionamos y de cómo reacciona todo a nuestro alrededor, llegamos a experimentar la gratitud. Y es que incluso una persona que esté librando una feroz batalla, que esté inmerso en una situación complicada y dolorosa, puede experimentar gratitud.

«Solo podemos decir que estamos vivos en esos momentos en que nuestros corazones son conscientes de nuestros tesoros».
Thornton Wilder

Cuando miramos hacia atrás podemos ver, en perspectiva, algunos eventos que en un primer momento se vivieron como negativos y que finalmente fueron una oportunidad de cambio y de crecimiento interior. Cada vez que llegamos a estos puntos de quiebra, la vida nos da la oportunidad para cambiar, para mejorar. Únicamente nosotros decidimos desde qué lado vamos a estar actuando: desde un lado activo o desde un lado pasivo. Con aprendizaje y acción o con queja y resignación. Ya he explicado varias veces que las personas que han llegado a realizar grandes hazañas, estas venían precedidas de momentos de gran dolor. Ya sabes que después del momento más oscuro empieza a despuntar el día. Mira qué te está enseñando todo lo que estás experimentando.

Utiliza ese dolor para saltar hacia adelante. Hay momentos en que nuestra vida hace un crack y es justo ahí cuando tenemos el poder para modificar su trayectoria.

Ya sabes que corremos más para alejarnos del dolor que para ir en busca del placer y es en estos momentos donde nuestra disciplina mental juega un gran papel, no solo por mantenernos con buenos pensamientos, sino para controlar aquella voz que guiada por el miedo, nos intentará convencer para que abandonemos.

Piensa que una vez haya habido esa quiebra y hayas empezado a moverte en otra dirección, muchas veces aparecerá tu mente frenándote. Nuestra mente tiene miedo al cambio y a la incertidumbre, pero sé por experiencia que en estos momentos en que nuestra mente racional aparece y nos da mil argumentos para frenar, algo más va a pasar para aumentar ese dolor y poder así, continuar hacia adelante. Hay una frase grabada en mi ser y es: «aun con miedo lo hago, aun con miedo sigo hacia adelante».

Este es el verdadero camino del guerrero, tener claro hacia dónde te diriges y pase lo que pase, no abandonar. La disciplina mental es precisamente esta: aunque las cosas parezcan torcerse, aunque tu mente insista desesperadamente en que te rindas y abandones, tú sigues adelante. Recuerda que el miedo es el gran paralizador.

Cuando ves a personas que están pasando momentos muy complicados y son incapaces de moverse, es porque el miedo ha llegado a paralizarlas por completo.

Cuando puedes ver estas situaciones dolorosas, momentos de quiebra, momentos de separación de las personas que amabas, momentos de crisis en el área que sea, como trampolines hacia una vida mejor, empiezas a experimentar la gratitud. Y es que tenemos muchos motivos para estar agradecidos. Aunque estés librando tu peor batalla, tienes motivos para vivir agradecido. Compruébalo.

Cada día, cuando voy a dormir, aparte de enfocarme en mi propósito, dedico unos momentos a agradecer. Agradezco todo lo que el día me ha aportado, todo lo que he aprendido y todo lo que he podido experimentar. Doy gracias de estar rodeada de las personas que más amo, de estar sana, de tener la fuerza e impecabilidad de perseguir mi sueño y sobre todo, por el simple hecho de estar viva.

Prueba a hacer una lista con al menos diez cosas por las que estar profundamente agradecido a diario. La gratitud no sale por la boca, proviene del corazón. Es un sentir profundo, no un mero «Gracias» pronunciado. Prueba a decir «Gracias» y ahora cierra los ojos y en lugar de pronunciarlo, siéntelo. Siente ese profundo sentimiento emanar de tu corazón. Recuerda una situación en la que estuviste profundamente agradecido, cierra los ojos y revívelo. Ese «Gracias» que emana de nuestro corazón es muy poderoso.

Una vez hemos trascendido el perdón, estamos listos para experimentar un sentimiento de gratitud profundo. Llegas a entender que la vida es perfecta, que el universo dispone las situaciones para nuestro crecimiento y que todo fue un plan para tu avance y expansión; en definitiva, entiendes que todo sucedió para tu bien. Cuando llegas a este punto te das cuenta de que en lugar de perdonar, tenemos que agradecer.

Cuando puedes mantenerte en ese estado de gratitud, el poder que emana de ti es increíble. La chispa de la abundancia es la gratitud, mientras que la chispa de la escasez es la queja. Si te mantienes en un estado de gratitud, vas a atraer cosas buenas a tu vida, pero si te mantienes en un rol de víctima y vibras en la queja, lo único que vas a atraer son problemas.

«Cuando estás agradecido, el miedo desaparece y aparece la abundancia».

Tony Robbins

Aprende a agradecer cualquier situación. Aunque te parezca negativa, si la observas bien verás que es una oportunidad para cambiar, para mejorar o que simplemente te da información sobre una parte de ti que desconocías y que merece tu atención. A veces vivimos situaciones con otras personas que nos causan dolor, a veces nos tocan una de esas heridas que tan bien escondidas tenemos. Todas esas situaciones nos brindan la oportunidad de conocernos mejor; gracias a ese evento podemos destapar algo que viaja en nosotros totalmente oculto. Aquí vuelve a aparecer el papel pasivo o el de una persona hacedora. Una persona en el rol de víctima se va a quedar en el: «me hicieron o me dijeron» que me causó dolor, en cambio, una persona hacedora va a aprovechar esa situación para poder tirar del hilo y llegar a descubrir qué permanece oculto guiando muchos de sus pasos y qué necesita ser sanado.

El perdón y la gratitud forman parte del proceso de manifestación de cualquier deseo. Perdonando, limpiamos nuestro corazón y lo sanamos de todas aquellas heridas que permanecen en él. Con el perdón nos deshacemos de todo aquello que no queremos y con la gratitud, ampliamos nuestra capacidad y llenamos nuestro corazón con todas aquellas cosas que sí deseamos experimentar. Es como un vaso lleno. Hasta que no vaciemos este vaso, no vamos a poder llenarlo de nuevo. Con el perdón, liberamos y vaciamos el vaso para que pueda volver a ser llenado.

La gratitud es un proceso interior, una actitud hacia la vida que se mantiene incluso cuando las cosas no son como esperábamos que fuesen.

Los mayores obstáculos que nos impiden vivir en la gratitud tienen origen en nuestra mente. El primer obstáculo es nuestra importancia personal. Es el hecho de que siempre encontramos defectos. Estamos enfocados en encontrar defectos, cosas que nos ofendan y nos hagan sentir mal, en lugar de enfocarnos en las cosas que nos hacen sentir amor. Nosotros decidimos si nos centramos en encontrar defectos o en encontrar amor. Cuando nos centramos en los defectos, sentimos la crítica, el juicio y el enfado, y recuerda que lo que pensamos y sentimos es lo que se expande en nuestras vidas. Seremos aquello en lo que más pensamos. Si utilizas tu mente para enfocarte en todas aquellas cosas que están mal y en todo lo que te falta, esos sentimientos de queja y escasez serán los encargados de hacer que se manifiesten en tu vida. Tu mundo interior es la fuente de la que todo emana, es la causa del efecto exterior. Si en lugar de sentirte agradecido con lo que tienes y sentir amor hacia lo que te rodea, te enfocas en lo que te falta y en todo lo que crees que está mal, te estás privando de vivir una vida plena y feliz.

Los defectos no están en el exterior, sino en tus pensamientos. El observador que hay en ti es el que elige un punto de vista crítico o amoroso. El segundo obstáculo es la queja. Deja de quejarte, de explicar todo lo que crees que va mal en tu vida. La persona que se queja, se siente estafada y víctima de la injusticia, vive en la amargura y critica a aquellas personas que son beneficiadas con lo que a él le falta. El que se queja se aleja de la abundancia y la dicha, él mismo con sus palabras, sentimientos y acciones levanta muros para no poder experimentar aquello que desea. La persona que se queja está llena de ingratitud. La experiencia de lamentarse y de sentirse privado lleva al enfado contra la vida y la vida pasa a ser injusta y dura.

Cambia tus palabras y tus sentimientos. En La magia que duerme en ti, cuando veíamos la estrategia chamánica ya trabajamos con la queja, la crítica y la importancia personal. Cuando puedes desarrollar la gratitud dentro de ti, la necesidad de ofenderte y de quejarte prácticamente desaparecen.

Otra premisa dentro del chamanismo es la no-compasión, refiriéndose a la autocompasión. Cuando hay algo en tu vida que te crea dolor, no te quedes allí sintiendo lástima por ti mismo. Ya has estado o estás en el ojo del huracán, ya has experimentado el malestar de la situación. Conviértete en ese guerrero impecable que va detrás de sus sueños, que busca crecer y mejorar su vida. Conviértete en alguien, como ese guerrero, dispuesto a librar batallas y a cruzar desiertos. Vive ese camino en gratitud; la vida te ha puesto esa situación para que avances. De nada sirve quedarte sintiendo que eres una pobre marioneta, y diciéndote: «¡Pobre de mí!». Aprovecha esta oportunidad que te da la vida para impulsarte hacia adelante. Gracias a estas situaciones difíciles podemos descubrir el poder que todos llevamos dentro, ante estos grandes obstáculos podemos ver lo verdaderamente capaces que somos para superarnos.

Muchas veces estamos experimentando un dolor creado por una situación y es ya tan insoportable que decidimos dar el paso. Muchas personas deciden poner fin a una relación, otras ya no aguantan más la situación económica que viven y el trabajo que están haciendo, otras ya no soportan más continuar con su problema de salud… Cuando decides dar el paso, cambiar tu vida y por supuesto, cambiar tú, prepárate porque como ya te he contado en varias ocasiones, vas a tener la oposición de muchas personas de tu entorno. Cuando tu entorno no te apoya, es más, te desalienta, tienes que tener muy claro lo que quieres y pensar en que lo vas a lograr.

Muchas personas experimentan un gran dolor en su relación de pareja, después de un tiempo ya no pueden más y deciden romper. Cuando ya han dado el paso, se encuentran con las dudas, los miedos y la oposición de personas queridas, que con la intención de proteger, empiezan a hacer dudar a la persona o incluso pueden llegar a hacerla sentirse muy mal. Esta es una fuente de dolor secundario al inicial.

El primero se da por la situación que se lleva tiempo experimentando y el segundo, surge una vez se abandona el primero y viene del entorno. Tienes que estar preparado para recibir los golpes que puedan llegarte de las programaciones de los demás porque es fácil, después de haber logrado alejarse de la fuente de dolor inicial, encontrarse con la segunda y retroceder. Por este motivo, agradece la situación que te ha hecho avanzar y no dejes que te compadezcan, ni te compadezcas. Ya sabes que la mejor manera de abandonar la queja y la compasión por ti mismo es la acción, la impecabilidad hacia lo que quieres cambiar en tu vida.

«A menudo damos por hecho las cosas que más merecen nuestra gratitud».

Cynthia Ozick

El tercer obstáculo es dar por sentado lo que se tiene. La famosa frase: «no valoras lo que tienes, hasta que lo pierdes». Cuando damos por sentadas las personas y las cosas que hay en nuestra vida, nos privamos de la alegría que podríamos experimentar si nos sintiéramos agradecidos. Cuando damos las cosas por sentadas, vivimos como si lleváramos los ojos tapados, sin percibir todos los dones, las compañías y maravillas que nos rodean a diario. Imagínate por un momento que todas tus posesiones desaparecieran, que te quedaras sin nada. Aunque nos les des ni la más mínima importancia, te facilitan la vida. ¿Y todas aquellas personas a las que tanto queremos y con las que tantas veces nos ofendemos? ¿Y todas aquellas personas que merecen nuestra atención pero no la tienen porque estamos demasiado ocupados en nuestra importancia personal? No hay momentos insignificantes en nuestras vidas, hay momentos gloriosos, como jugar con nuestros hijos, pasear por la playa, preparar la cena con tu pareja, darle las buenas noches a un ser querido, hacerle cosquillas a tu bebé, abrazar a tu madre. Aprender a decir más veces «Te quiero» y vivir agradecido por tenerlos al lado.

La vida es demasiado valiosa para estar perdiendo el tiempo y la energía con la autocompasión y la queja. Cuando aparcas a un lado tu importancia personal y tu ego, puedes experimentar la magia de la gratitud, puedes experimentar el regalo de vivir al máximo cada momento del día, puedes disfrutar y querer a todas aquellas personas que te rodean y tanto amas.

Si hay algo que debes cambiar, cámbialo. No pierdas más tiempo enfocando tus pensamientos negativos en el asunto. Vive experimentando la gratitud por lo que vives, por las personas que están a tu lado, por todo lo que tienes y por todo lo que vendrá.

TODO SUCEDE 'PARA' TI

Lo creas o no, todo lo que vivimos, lo bueno y lo malo, es para nuestro mayor bien.

La vida no te sucede a ti, sucede para ti. Cuando nos vemos inmersos en una situación que no nos gusta, cuando vivimos una ofensa o en definitiva, un acontecimiento que nos crea dolor, es importante que aprendamos a enfocarnos de la forma correcta. En lugar de preguntar ¿POR QUÉ?, pregúntate ¿PARA QUÉ?

Cuando permanecemos en el ¿por qué? Estamos observando desde un lugar en que no somos creadores. Estamos en una posición desde la cual nos sentimos víctimas de las circunstancias y nos preguntamos: «¿Por qué me pasa esto a mí?, con todo lo que he hecho y mira...» «¿Por qué actúa de esta manera? Con lo bueno que he sido siempre con él...» «¿Por qué me ha hecho esto? Si no tenía motivos...».

Cuando podemos cambiar la pregunta en nuestro interior y sustituir el ¿Por qué? por el ¿Para qué? Nuestra posición cambia por completo. Cuando podemos preguntarnos para qué ha sucedido tal cosa, estamos situados en un lugar de comprensión y acción. Estamos dispuestos a observar que ha sucedido y qué lección está detrás de ello para poder cambiar y mejorar, como personas y en nuestra vida, por supuesto.

Piensa en algunos de los éxitos que has experimentado en tu vida. A veces nos resulta complicado llegar a encontrar diez éxitos en nuestra vida, eso es debido a nuestro nivel de exigencia. Un gran éxito es estar vivo, es abrazar a esa persona que tanto amamos, es saber pedir perdón cuando nos hemos equivocado, es aprobar un examen, es acabar con una situación que no quieres en tu vida, aprender de los errores y ser cada día mejor persona; viajar a ese lugar en el que siempre soñaste, emanciparte, estudiar lo que te gusta y un largo etc.

Estamos rodeados de éxitos y no les damos importancia, permanecemos enfocados en los problemas y los obstáculos. Cuando practicas la gratitud, todos esos éxitos se vuelven visibles. Pero voy a hacerte una pregunta: ¿Qué aprendiste de tus éxitos? Piénsalo bien, porque el aprendizaje no proviene del éxito en sí, sino de todos los obstáculos y desafíos previos que tuviste que superar. Es en todas esas piedras del camino donde tú creciste. Lo que más valor tiene es el camino, no la meta en sí. Lo que nos aporta crecimiento es cada obstáculo que vamos superando, cada limitación que vamos cambiando y cada creencia que transformamos.

Crecemos y nos superamos con los desafíos y obstáculos que nos vamos encontrando en la vida. Demos las gracias a todas esas piedras porque gracias a ellas tenemos la oportunidad para crecer. Cuando podemos llegar a la comprensión de que la vida sucede para nosotros, podemos llegar a cambiar la asociación interna de obstáculo o desafío=dolor o obstáculo y desafío=fracaso. Cuando podemos ver que los desafíos son fuerza, son oportunidades, son aprendizajes y crecimiento, toda nuestra percepción cambia por completo. Vemos estos momentos que asociamos a la oscuridad como una antesala al amanecer, al amanecer de un cambio positivo y de una vida mejor.

Cuando puedes observar tu vida desde el momento presente, entiendes el PARA QUÉ llegaron diferentes situaciones a tu vida. Puede que llegaran para ponerte al límite e invitarte a tomar acción; puede que llegaran para abrirte los ojos, puede que llegaran brindándote la gran oportunidad de conocerte mejor y sobre todo, para crecer e ir evolucionando hacia la mejor versión de ti mismo. Y ahora bien, ¿por qué no contemplamos los desafíos actuales de la misma manera en que podemos ver los pasados? Cuando entiendes que detrás de lo que está pasando existe una gran oportunidad, miras con ojos de esperanza. Cuando entiendes este proceso, miras con la certidumbre de que algo mejor va a llegar.

No podemos evitar experimentar dolor en algunos momentos de nuestras vidas, pero sí podemos escoger cómo salimos de esas situaciones dolorosas. Todo depende de nosotros, podemos salir dolidos y resentidos o fuertes y mejorados. Muchas personas pueden rendirse y sentirse sobrepasadas y de esta forma no aprovechan la fuerza del dolor en su vida. Huir del dolor es lo que más nos hace correr.

Cuando una persona está pasando por una enfermedad, ha tenido una pérdida o ha experimentado un gran fracaso, siempre tiene la opción de poder cambiar, de poder mejorar. De mirar qué es lo que debe cambiar y hacerlo. Las personas que más han triunfado suelen ser aquellas que más han fracasado, pero en cada fracaso miran de mejorar, de aprender y de superarse.

Recuerda cuando aprendías a montar en bicicleta o a patinar o cuando vemos a un niño que empieza a andar. Al principio es complicado y no se suele disfrutar, pero una vez empiezas a dominarlo, con ello llega el disfrute. No pasa nada en que nos equivoquemos, caéte y vuelve a levantarte. Al final todo es un aprendizaje que nos llevará a un lugar mejor. Si aprendemos de nuestras derrotas, de nuestros desengaños, de nuestras pérdidas y fracasos, crecemos y nos hacemos más fuertes, disponemos de más recursos y subimos un escalón en nuestra vida. Recuerda que la pregunta a hacerte es: ¿Para qué? En lugar de: ¿Por qué?

EL PODER DEL PERDÓN

«El primero en pedir disculpas es el más valiente.
El primero en perdonar es el más fuerte,
El primero en olvidar es el más feliz».

El «perdono pero no olvido»... no es un verdadero perdón. Cuando permanecemos anclados en algo que alguien nos hizo, aparte de no cesar de recrear el dolor, nos nos estamos permitiendo experimentar la libertad. Ese pensamiento que permanece en nuestra mente no nos deja ser libres. Cuando no hemos perdonado a alguien, una cadena invisible nos ancla a aquella situación, en aquella ofensa, en aquel engaño y no nos permite crecer en la dirección que queremos. El perdonar es algo aparentemente difícil en el ser humano, ya que nos parece complicado soltar algo que en algún momento sentimos como injusto, pero para poder avanzar libremente necesitamos estar en paz y a esa paz llegamos con el perdón.

Lo importante es entender que cada persona tiene en su cabeza su versión del mundo. Ya sabes que todos estamos programados y no todos usamos los mismos programas; lo que para ti puede ser malo, para otra persona puede que no lo sea.

Todos hemos tenido nuestras propias educaciones, nuestras propias experiencias, todos tenemos nuestras creencias y nuestros hábitos. Puede ser que exista una persona que piense completamente diferente de ti, y esto no es bueno ni malo, simplemente tiene sus creencias y tú las tuyas. Todos hacemos lo que hacemos en función de nuestra escala de valores y de nuestras creencias. Todos tenemos motivos para hacer lo que hacemos, aunque la mayoría de veces provengan del ego.

Cuando nos hieren, normalmente la otra persona no tiene esta intención. Lo que está sucediendo es que está tratando de defender sus propias ideas, no lo está haciendo por ti sino por sí misma. Recuerda cuando te explicaba que cuando tocamos, sin saberlo, la herida o heridas de alguien, este se va a defender. Su ego será el encargado de proteger su herida y recuerda que todos estamos profundamente heridos. Cuando nos ofenden o nos hieren, inmediatamente empezamos a juzgar: «es que tú me quieres perjudicar», «esto que hiciste estuvo muy mal», «es que tú me engañaste», «es que tú sabías... y aún así me has hecho...». Normalmente, quien nos hiere no está buscando precisamente esto, sino defender sus creencias, defenderse a sí mismo. Esto no lo hace mejor o peor persona, simplemente tiene su propio mundo interior basado en sus creencias y va a actuar de acuerdo a ellas.

Cuando decimos que los demás nos hacen tal o cual cosa estamos en el papel de víctima. Todos creamos una película en nuestra mente donde somos los protagonistas, al igual que estas personas que han podido causarnos dolor. Ellos también son los protagonistas de su película. Estas personas pensaron que lo que hicieron estuvo bien en su momento, justificaron lo que hicieron y lo creyeron correcto. No podemos entenderlo simplemente porque no estuvimos en su cabeza en el momento en que decidieron hacer o decir cualquier cosa.

También tenemos que asumir nuestra parte de responsabilidad, y con responsabilidad no estoy hablando de culpa. Todos somos responsables de lo que acontece en nuestras vidas. Podemos preguntarnos: «¿Qué decidí yo en algún momento que me llevara a vivir esa situación?». Tenemos dos opciones en nuestra vida: ser la víctima o tener la responsabilidad de nuestra realidad. La persona que está en un rol de víctima piensa que todo lo que la rodea escapa a su control. Se resigna y se queja de todas las cosas que van mal en su vida en lugar de tomar responsabilidad y empezar a cambiar todo aquello que no desea, en lugar de darle más fuerza a través de la queja y la lástima por sí misma. En la vida de una persona que está en un rol de víctima siempre va a haber culpables. «La gente me hace..., mis padres me hicieron, mi jefe me trata, mi marido me hace, el país me hace, la economía me hace...». Para estas personas todo lo que sucede en su vida escapa a su control, siempre va a haber personas responsables de que su vida sea como es y de que se sientan de determinada manera. Piensan que ellos no tienen poder, que son pequeños, que todo escapa a su control y como todo les sucede, ellos no son responsables de nada de lo que ocurre, todo depende de algo externo a ellos. Pero debes saber que de nada sirve quedarse quieto quejándose y delegando toda la responsabilidad en cosas externas.

El hacedor, contrariamente a la persona que se siente víctima, toma responsabilidad y busca la forma de entender cómo puede influir en todas las circunstancias de su vida. Mira hacia atrás buscando cómo ha llegado a los resultados actuales y observa qué debe cambiar para que los acontecimientos adversos que le han sucedido no vuelvan a sucederle; es más, va a mirar qué es lo que tiene que hacer para obtener lo que le hace feliz. Va a poner toda su intención en crear lo que quiere experimentar en su vida.

Cuando tú te haces responsable de tu vida y te vuelves un hacedor, verás que hay muchas personas cómodamente instaladas en su papel de víctima: «es que no puedo hacer esto o lo otro porque no tengo dinero», «no tengo pareja porque todos los hombres o todas las mujeres son iguales». Cuando se adopta el papel de víctima también se está reforzando y protegiendo las propias creencias. Lo que se viene a decir es: «yo estoy bien, el que está mal es el mundo que me rodea». Con esta idea, el mundo tiene que cambiar para uno, pero sin mover un dedo. La persona con un sentimiento victimista no se da cuenta de que es ella la que tiene que cambiar para que su mundo cambie con ella. Hacernos responsables, nos dará poder.

Cuando te hieren, cuando sucede alguna cosa que te crea dolor, debes ver, pues, qué parte de responsabilidad te concierne. ¿Qué decisiones tomaste que te llevaron a esta situación?

Hay muchas resistencias al perdón porque se confunde el perdonar como el validar lo que la otra persona te hizo. Es como si justificaras su comportamiento, pero en realidad no es así. El acto de perdonar no es por ellos es POR TI. Cuando perdonas no estás diciéndote que la otra persona actuó bien. Cuando perdonas, no justificas su comportamiento, simplemente dejas ir aquella situación y te sientes en paz contigo mismo. El perdonar no se trata de ellos, se trata de ti.

«Perdona, no porque la otra persona merezca el perdón, sino porque tú mereces paz».

Jonathan Lockwood

Cuando alguien nos ha herido y permanecemos en este dolor, con este pensamiento en nuestra mente, es como si estuviéramos agarrados a un hierro ardiente. Estás agarrado al dolor de esa situación y hasta que no puedas perdonar de corazón, seguirás ahí agarrado en el dolor. Seguramente la otra persona estará tranquila y sin ningún problema, mientras tú sigues ahí quemándote. No lo hagas por ella, hazlo por ti. Permanecemos agarrados a este hierro ardiente por nuestras ideas de lo que está bien o está mal, por lo que es justo o es injusto, pero los únicos perjudicados somos nosotros. Es hora de que puedas perdonar de corazón y poder soltar esa causa de dolor, esa cadena que frena tu progreso. Perdonamos, no para validar su comportamiento u ofensa, perdonamos porque merecemos paz y porque merecemos avanzar. Te perdono, no por ti, sino por mí, porque merezco ser libre.

Piensa que cuando alguien te daña de forma consciente y totalmente intencionada, es porque tiene una gran herida en su corazón.¿Recuerdas cuando en El arte de crear deliberadamente te hablaba sobre las heridas profundas que todos llevamos? A veces esta herida les causa tanto dolor que buscan la forma de paliarlo de la manera equivocada. Actúan desde el ego, el gran protector de su herida.

Recuerdo que en mi segundo año de instituto, aprendí una gran lección. Tengo la gran suerte de tener una memoria fotográfica y en aquellos tiempos estudiando pocas horas sacaba muy buenas notas. El grupo de chicas con las que iba en aquel curso me iban haciendo trastadas pero yo siempre las disculpaba. Llegó un día en que teníamos que hacer un trabajo y exponerlo en clase. Teníamos que hacer grupos de 4 o 5 personas. Yo iba al instituto en el pueblo vecino y allí había personas de 4 o 5 poblaciones diferentes. Hicimos el grupo para el trabajo y yo era la única que era de una población distinta; tres de ellas residían en el mismo lugar y la cuarta estaba a tan solo 10 minutos, pero pasaba muchas tardes en ese pueblo. Entre todas nos repartimos los apartados a trabajar y nos pusimos manos a la obra. Llegó el día de la exposición oral del trabajo y ellas me habían excluido. Entre todas habían hecho mi parte y yo me quedé sin grupo y con únicamente la parte que yo había creado. Imagínate como me sentí, con tan solo 15 años. Pude hablar con el profesor, pero llegué a casa destrozada. Cuando crucé la puerta no podía parar de llorar, no entendía cómo me podían haber hecho esto a mí. Por suerte tenía a mi sabia abuela, que después de dejarme llorar, me dijo una cosa que nunca olvidé: «Ten compasión por ellas. A ti te lo han hecho pasar fatal hoy, pero ellas lo sufren cada día». Mi abuela, con su sabiduría había visto que tenían un gran dolor y que me atacaron para proteger su herida abierta.

Cuando aprendemos a ver que todos estos ataques deliberados vienen guiados por el ego, en su misión de proteger su punto vulnerable es más fácil llegar a su comprensión. Apiádate de ellos y sigue tu camino. Las personas están profundamente dolidas y actúan a veces de forma irracional para protegerse de aquello que les duele tanto. Puede ser que tú les sirvas de espejo y vean en ti algo que les produce un dolor intenso. Aquellas chicas estuvieron guiadas por su baja autoestima. Pensaron que si me humillaban ellas se sentirían mejor. No sé cómo se sintieron al final, pero yo lo liberé.

Seguramente has vivido varias veces situaciones donde tocas un tema o haces un comentario totalmente normal y ves desencadenarse toda una serie de reacciones totalmente desproporcionadas en la persona con la que estás. Cuando nos tocan la herida, es nuestro ego el que responde. Recuerda cuál era la pregunta para detectar cuál es esa herida profunda. ¿Qué comentario que alguien pueda hacerte te heriría más? ¿Qué es lo más hiriente que alguien puede decirte? ¿Qué es lo que más te afecta que te digan? A veces delante de un comentario totalmente trivial, ves una reacción totalmente desproporcionada de la otra persona. Un ataque en toda regla, porque de alguna manera te has convertido en una amenaza y tienes que ser reducido. ¡Cuántas heridas no sanadas llevamos! Nuestro niño interior está dañado y es momento de curarlo.

SUELTA EL RESENTIMIENTO

Suelta todo el resentimiento que aún albergas en ti y prométete que estás dispuesto a perdonar de corazón todo lo que has vivido. Si recuerdas a alguien que te hirió profundamente, perdónale de corazón y libérate de ese recuerdo que aún está tan presente en tu vida. Ajustar cuentas no es algo beneficioso; los sentimientos de venganza que puedes albergar y envías hacia afuera, siempre van a volver para encontrarte. Recuerda que lo que sembramos, recogemos. Alguien tiene que dejar de devolver la pelota en ese juego. Cuando te amarras al pasado con resentimiento, no puedes aprovechar el momento presente y es en el presente cuando creas tu vida, estás viviendo y experimentando en este preciso momento. Te mereces ser FELIZ.

Si te aferras por largo tiempo al resentimiento y a la amargura que de él nace, significa que ha llegado el momento de liberarla, de perdonar y perdonarte a ti mismo. Muchas veces, cuando nos parece que no podemos perdonar a alguna persona, este hecho nos está indicando que tampoco tenemos esta capacidad para perdonarnos a nosotros mismos. Nos encariñamos con nuestras heridas, nos acostumbramos a vivir una serie de emociones que no nos permiten ser totalmente libres. Es importante que aprendamos a perdonarnos y a dejar de castigarnos.

Al hablar del perdón, ¿quién es la primera persona que viene a tu mente? ¿Qué situación recuerdas? ¿Cuál es esa experiencia que jamás olvidarás y te mantiene atado al pasado? Cuando nos aferramos al pasado no podemos vivir plenamente el presente y toda nuestra vida va estar condicionada por ese hilo invisible. Es vital que sanemos todas aquellas heridas que permanecen abiertas y solo es posible hacerlo desde el amor y el perdón. Perdona y libérate de todas aquellas experiencias pasadas que aún duermen en ti. Cuando te perdonas y perdonas a los demás, experimentas la verdadera libertad.

El perdón es libertad. Ámate y perdónate de corazón, simplemente porque mereces estar en paz y ser feliz. Cuando puedas perdonar y perdonarte, observarás cómo esa vieja amargura se aleja de tu vida y tu corazón se abre de par en par para dar y recibir amor.

Aprende a perdonarte, la culpa no nos lleva a ningún lugar. La culpa es un sentimiento destructivo. Si obraste mal en el pasado, suéltalo y perdónate. Lo que importa es lo que sabes ahora y la persona en la que te has convertido. Suelta ese sentimiento de culpa, porque muchas veces, cuando nos sentimos culpables por algo que hicimos, creamos situaciones de forma subconsciente para castigarnos. Si necesitas pedir perdón a alguien, hazlo. Aunque hayan pasado muchos años, si así lo sientes y puedes comunicarte con esa persona, hazle saber cómo te sientes.

En El arte de crear deliberadamente cuento la historia de una amiga que no se había perdonado por haber dejado a su pareja. Durante años y años no lograba poder tener una buena relación sentimental. Cuando esta persona se dio cuenta del gran sentimiento de culpa que aún albergaba en ella por haber dejado aquella relación, también pudo ver cómo ella misma se saboteaba y se castigaba, privándose de tener una relación sentimental feliz. Esa mujer se perdonó y armándose de valor llamó al que había sido tantos años su pareja para pedirle perdón. Estuvo más de diez años agarrada a ese hierro ardiente, castigándose y se sorprendió al ver que él hacía ya muchos años que la había perdonado y le hablaba desde un corazón totalmente sano.

Perdónate, hazlo por ti y por tus seres queridos. Estás aquí para ser feliz y poder dar amor a todas las personas que tanto quieres. Cuando tu corazón permanece herido, no puede recibir ni dar en su plena capacidad. Cuando vivimos desde la culpa, nos parece que no hacemos nada correctamente y nos pasamos el día disculpándonos por todo.

La culpa hace que siempre te sientas mal. Cuando no quieres perdonarte algo que algún día hiciste, vives arrepentido y envuelto en la culpa y la culpa lleva al castigo.

¿Te sientes culpable por algo que hiciste? ¿Cómo crees que te estás castigando? Perdónate y sal de la jaula en la que te metiste, porque la culpa genera castigo y el castigo produce dolor.

Si te amas, te perdonas y te aceptas, creas estas emociones en ti. Cuando puedes vibrar en el amor, la gratitud y la felicidad, te estás dando permiso para experimentarlos. Cuando dejas de culparte por algo pasado y empiezas a vibrar en esas emociones positivas, estás permitiendo que cosas maravillosas lleguen a tu vida. Si quieres cambios positivos, decretas la vida que deseas pero sigues enjaulado y experimentando todas esas emociones negativas, no vas a lograr atraer lo que quieres; primero, por cómo vibras y segundo, porque cuando no te perdonas, te castigas y cierras las puertas a nuevas oportunidades. Todos somos uno, todos somos la fuente de la que emanamos.

La fuente solo conoce el amor y el bienestar, por tanto todas estas emociones negativas que te permites experimentar son creadas por tu mente. Reconéctate con tu esencia, vibra en el amor y la gratitud y esto te llevará a experimentar una gran felicidad.

Todas las cosas suceden por algún motivo. Cuando miras hacia atrás, te das cuenta de que aquellas cosas negativas que experimentaste te llevaron por caminos necesarios para tu crecimiento, alejaron a personas que no debían permanecer más a tu lado y que todo fue diseñado para tu progreso y crecimiento personal. Todas aquellas personas que te hicieron daño, que te ofendieron, que te traicionaron y que aún no has perdonado, estaban en tu vida para ayudarte a progresar. Recuerda que no podemos saber qué ocurre en el universo mental de otra persona, no sabemos qué heridas permanecen abiertas en su corazón para hacerlas actuar de determinada manera.

Un día me senté y empecé a escribir los nombres de aquellos que alguna vez me dañaron. Hice una lista con todos los nombres y después, uno por uno, fui recordando la situación vivida. Perdoné de corazón a cada una de esas personas y después observé qué impacto había tenido aquella situación en mí y en mi vida. Primero hice una visualización. Me imaginé a la persona delante de mí y cómo yo le decía: «Te perdono por… », me dejé llevar por mi alma y expresé todo lo que tenía por decir. En algunos casos también me disculpaba por la parte de responsabilidad que yo había tenido. Cuando terminaba, me imaginaba cómo nos decíamos adiós y se marchaba. Cuando terminé con las visualizaciones empecé a ver qué había sucedido en mí y en mi vida después de la situación. ¿Qué había cambiado en mí? ¿Qué había aprendido? ¿Qué cambios positivos había experimentado en mi vida? ¿Qué me había enseñado esa experiencia?

Y empecé a escribir:

Ana, te perdono y te doy las gracias por ...
Alberto, te perdono y te doy las gracias por ...

Puede que experimentases algo muy traumático y que no puedas perdonarlo así como así. Hay casos de malos tratos, abusos, violaciones, etc, que pueden parecer imperdonables. Hace muchos años conocí a una mujer muy espiritual. Recuerdo que estábamos hablando, tocando muchos temas y de repente, me contó que había sufrido abusos sexuales por parte de su tío durante años. Yo quedé petrificada al ver cómo aquella mujer que me sacaba casi 20 años, me explicaba todo lo que había vivido y cómo su tío la estuvo amenazando con que mataría a su madre si hablaba. Aquella niña sufrió abusos durante algunos años y no hablaba porque temía que algo malo podía sucederle a su madre. Al final, su madre se dio cuenta de que algo estaba ocurriendo y ella se lo contó todo. Recuerdo perfectamente la dulce cara de aquella mujer y cómo relataba toda la historia sin siquiera temblarle la voz. Yo estaba tan impactada que no sabía ni qué decirle. Ella prosiguió y nunca olvidaré lo que me dijo: «Yo perdoné a mi tío, lo que hizo no estuvo bien, pero intenté entender qué le había llevado a actuar de aquella manera. Y sobre todo, le perdoné porque tuve una infancia terrible, donde no entendía nada y vivía aterrorizada, pero llegué a la conclusión de que solo tengo una vida y me merezco ser feliz».

Esa mujer logró perdonar a aquella persona y trabajó durante años en su profunda herida.

Aquella experiencia la condujo por el camino de la espiritualidad y cuando yo la conocí tenía un proyecto de ayuda de mucho éxito orientado a las mujeres.

Si viviste una experiencia muy traumática y no te ves capaz de poder perdonar, es mejor que comiences sanando tu herida. En la última parte del libro conocerás la recapitulación para poder cicatrizar esas brechas que aún siguen abiertas. Con ella sanarás, disolverás los comandos energéticos que un día se crearon en tu cuerpo, podrás perdonar, recuperar toda aquella valiosa energía que perdiste y encaminar tu vida hacia lo que quieres y mereces.

Si aún albergas resentimiento hacia algunas personas y quieres sentirte en paz, te animo a que hagas el trabajo que te comentaba. Escribe la lista con las personas que te ofendieron o hirieron, perdónalas y mira qué aportaron a tu vida.

Cuando actuamos desde el corazón, no herimos a nadie, esto lo hacemos cuando actuamos desde el ego. El ego es el protector de nuestras heridas emocionales. Cuando no actuamos correctamente, actuamos desde nuestro ego, intentando protegernos de aquello que nos causa dolor. Recuerda que nuestra mente siempre va a protegernos de experimentar dolor. El evitar el dolor es más poderoso que el experimentar placer.

Todas aquellas personas que nos hirieron, actuaron desde su ego. Reaccionaron a una herida emocional que aún llevaban con ellos. Cuando nosotros no actuamos bien, también estamos funcionando desde el ego. Cuando algo nos causa dolor, cuando vemos algo como un ataque, aunque no lo sea, nuestro gran protector reacciona de la forma menos esperada. ¿Cuántas veces hemos tenido reacciones desmesuradas delante de algunas situaciones? Muchas veces no podemos controlar aquella respuesta y después nos sentimos culpables por lo ocurrido. Pensamos: ¿Por qué caray me he comportado de esa manera? ¿Cómo se me ocurrió decir aquella barbaridad? Son reacciones automáticas desencadenadas por un estímulo concreto. Hay personas que no pueden tolerar que les lleves la contraria, su ego se muestra para que puedan tener la razón. Estas personas están heridas, su autoestima es baja y tienen grandes inseguridades. Cuando necesitas tener siempre la razón, es un indicador claro de que debes trabajar en tu autoestima.

Ya tienes identificadas a las personas y a las situaciones que quieres perdonar y que más adelante vas a poder recapitular, pero, ¿qué pasa contigo? ¿Te has perdonado todo lo que alguna vez hiciste mal? Para poder perdonar de corazón a otras personas, primero tienes que poder perdonarte a ti. ¿Qué es aquello que no te perdonas? Una de las frases que más repito es: «Somos nuestros peores enemigos». Otras personas te pueden dañar, pero te aseguro que no hay nadie en el mundo que tenga más poder que tú mismo para lastimarte. Interactúas con otras personas, puedes decidir si quieres estar con ellas o no, pero tú estás eternamente contigo mismo. ¿Cómo te hablas? ¿Te condenas? ¿Te criticas? ¿Te desmereces? ¿Te castigas? ¿No te perdonas algo que pasó y te saboteas constantemente?

Experimentas la verdadera libertad y felicidad cuando te AMAS, te ACEPTAS y te PERDONAS.

Deja de jugar en tu contra y date cuenta de que eres un ser único y maravilloso. Deja de castigarte por todas las cosas que forman parte del pasado. Entiende que hay unas heridas emocionales que debes sanar y perdonarte por todo lo que viviste. Ya es hora de que vueles libre y te conviertas en tu mejor amigo. Deja de usar palabras negativas hacia tu persona, utiliza palabras de amor, aceptación y poder para que te conviertas en tu mejor versión. De nada sirve permanecer agarrado a tu pasado, este ya no existe.

Ánclate en el presente, estás aquí y ahora. Este es el único momento que tiene poder.

De la misma forma que has hecho la lista de las personas que quieres perdonar, haz tu lista. Escribe en ella todas aquellas cosas que pasaron y que aún no te has perdonado, todas aquellas veces que, guiado por tu ego, no actuaste de la mejor manera y aún te sientes culpable por ello. No tengas prisa en escribirla. Seguramente tienes unas vivencias muy bien detectadas, pero otras irán apareciendo.

Cuando empiezas con este tipo de sanación es como si descorcharas una botella, todo va saliendo. Una vez tengas la lista escrita, anota al lado de cada situación qué es lo que te llevó a actuar de aquella manera. ¿Cómo te sentías? ¿De qué tenías miedo? Cuando puedas detectar la causa, esta te llevará a la herida que la originó. Como te digo siempre en todos los ejercicios, esta lista es para ti, no tiene que verla nadie. Así que sincérate contigo mismo y escribe las emociones ocultas en tus actos. Por lo tanto, escribe, en primer lugar, el acto y después la herida que tu ego salió a defender.

Perdona la causa, la acción que realizaste desde tu ego. Perdónate porque no estabas actuando desde el corazón, sino desde tu programación y a la defensiva. Estabas actuando en función de las heridas presentes en ti. Perdónate lo que hiciste mal.

La herida la trabajaremos con la recapitulación. Tú puedes detectar la herida que está detrás de tu forma de actuar, pero muchas veces no podemos recordar en qué momento se originó. Tú sabes que te sientes de determinada manera, pero no sabes dónde empezó todo. Muchas de estas heridas son creadas en nuestra niñez y simplemente, no tenemos la suficiente capacidad para entender qué es lo que está pasando. Vivimos una experiencia que nos causa dolor pero para poder seguir adelante, nuestra mente la guarda bien escondida. Con la recapitulación podemos trabajar sobre la herida y sobre la situación que la originó. Es una técnica extraordinaria, porque puedes recordar momentos que tenías completamente olvidados.

¿Recuerdas las promesas internas? En mi primer libro te hablaba de la importancia de las promesas internas en nuestras vidas y cómo nos condicionan a la hora de pensar, sentir y actuar. Pues bien, estas promesas se pueden hacer desde la mente o desde los mismos sentimientos. Como te explicaré detalladamente, cuando somos niños y experimentamos alguna situación dolorosa, más que crear las promesas a nivel mental, las creamos desde un sentimiento muy profundo, lo que se conocen como comandos energéticos. Por tanto, tenemos muchas promesas internas que no podemos detectar, primero porque no tenemos acceso a esa vivencia y segundo, porque fue una orden que no surgió de nuestra mente.

Dedícate el tiempo que te mereces y perdónate de corazón. Mírate al espejo y dilo en voz alta, mientras te miras a los ojos. Háblale a ese ser que está dentro de ese cuerpo físico. Dile que te perdonas, que actuaste mal pero que aun así, te amas. Perdónate por las oportunidades que dejaste pasar y prométete que esta vez las tomarás. Cuando puedes perdonarte de verdad por todo lo que un día sucedió, te sientes más liviano. Cuando puedes sacarte de encima aquellas piedras pesadas como son la culpa y el arrepentimiento, puedes experimentar la alegría y la paz en todo su esplendor.

Puede que tengas mucha curiosidad para llegar a la última parte del libro, pero busca tiempo y trabaja con todos estos ejercicios. Es importante tener hecha esta parte y tener las listas a mano para poder trabajar después también con ellas.

NUESTRO NIÑO INTERIOR

Todos llevamos heridas profundas en nuestra alma, heridas de nuestros primeros años de vida. En nuestra niñez no teníamos la capacidad de entender lo que ocurría a nuestro alrededor y el porqué de aquellas situaciones. Ahora, desde nuestra condición de adultos y con nuestra conciencia actual, podemos viajar al pasado para poder sanar esas heridas que aún permanecen en nosotros.

Durante mi embarazo de mi segunda hija, tuve la gran suerte de conocer a una mujer extraordinaria, con un gran don. Recuerdo que fui a visitarla y me preguntó cómo estaba. Yo me acababa de separar y no me sentía para nada apoyada. Lo primero que me preguntó fue cómo había sido mi infancia. Me hizo conectar con mi niña interior herida y empezar a trabajar en ella con todo mi amor. Debo decirte que lloré muchísimo, logrando sanar las heridas que en ella permanecían y una vez acabé, todo mi entorno y situaciones cambiaron radicalmente. Me di cuenta de que no era yo la que me sentía sola y desvalida, sino mi pequeña niña interior. Cuando era pequeña viví alguna situación en la que sentí que nadie saldría a defenderme y ese sentimiento me acompañó hasta que trabajé a nivel profundo. En mi adolescencia creé una fortaleza externa para que nada pudiese herirme y a la vez intentaba gustar a todo el mundo para evitar el conflicto. Cuando pude explicarle a mi niña interior que había hecho una mala interpretación de lo ocurrido y que yo estaba allí para amarla y cuidarla, todo empezó a sanar.

Durante la sesión que tuve con esa mujer, hablé a la pequeña Gemma de seis años, le expliqué, me imaginé cómo la abrazaba mientras las dos llorábamos.

Estuve unos minutos viéndome en mi mente y conversando con mi pequeña versión, pero el trabajo acababa de empezar. La chamana me recomendó que hiciera un trabajo interno de 30 días. Recuerdo que me dijo: «Tú tienes una hija de tres años, ¿verdad? Pues a partir de ahora vas a tener otra de seis. Quiero que ames a esta niña como si fuera tu propia hija, háblale, abrázala, cuéntale cuentos y explícale todo lo que has logrado. Explícale que todo va a salir bien y que tú vas a estar allí siempre para escucharla, para quererla, para atenderla, protegerla y cuidarla».

Imagínate mi cara... pensé que sería difícil hacer todo esto. Mi mente ponía impedimentos para que pudiera hacerlo. Pensaba que era como tener un amigo imaginario, pero siendo adulta. La verdad es que fue muy fácil y viví una gran experiencia. Una vez tuve clara la imagen de aquella pequeña Gemma con seis años, en mi pensamiento le hablaba, simplemente me hablaba a mí misma, me amaba, me aceptaba, me protegía con todo mi amor.

Aprendí a amarme totalmente, aprendí a comprenderme totalmente, entendí por qué tenía las reacciones que tenía, los miedos que experimentaba y por qué había cosas que me dañaban profundamente. Cada vez que experimentaba alguna emoción negativa, cada vez que vivía una situación que podía causarme dolor, me dirigía a ella y le explicaba lo que estaba sucediendo y que no era tan importante ni tan dañino para que sintiera malestar. Cada noche, antes de dormirnos, explicaba cuentos a mis hijas, a Dana, la pequeña Itzel dentro de mi vientre y a la pequeña Gemma. Fue un trabajo maravilloso y poderoso. Curiosamente, un tiempo después de haberlo realizado empezaron a venir mujeres a mi consulta con emociones similares a las que yo tenía. Les recomendé que hicieran el trabajo con su niña interior y el resultado fue espectacular.

Aunque tu mente te esté dando mil argumentos para que lo aplaces (yo también los tuve), te animo a que lo hagas, simplemente es transformador. Piensa que tampoco es tan descabellado, al fin y al cabo la persona con la que más hablas es contigo mismo.

SANANDO EL VÍNCULO MATERNO

Como ya sabes, todas nuestras creencias más profundas se crearon en nuestra infancia. Lo que veíamos, oíamos y experimentamos en aquellos momentos está presente aún en nosotros. Un niño no tiene la capacidad de entender algunas cosas y muchas veces hace malas interpretaciones de situaciones o frases que oye. Puede que sacaras tus conclusiones negativas de un acontecimiento que a lo mejor no fue tan negativo.

Todas esas creencias profundas proceden del entorno que teníamos en nuestra niñez y por tanto, de las personas que estaban a nuestro alrededor en aquellos momentos. Es muy importante que puedas perdonar a tus padres por lo que pudieron hacer o no hacer y que te causó dolor. Es vital que sanemos el vínculo con nuestra madre, que perdonemos todo lo que un día nos pudo doler o la expectativa que teníamos y no se cumplió, creándonos sentimientos de frustración, tristeza o incluso de abandono.

Voy a compartir un texto de Agustín que se encuentra en su libro: Las 7 ventanas del chamanismo, con mis modificaciones para poder trabajar con el perdón:

«Entra en trance profundo..., profundo..., profundo...Respira inhalando profundamente y contando hasta ocho. Profundo..., pro-

fundo..., profundo. Tu cuerpo parece de plomo...pesado y vacío. Tu alma se siente ligera..., muy ligera... Imagina que flotas y entras en otros estados de conciencia... profundo..., profundo..., profundo.

Vas a imaginar, con pensamientos, sensaciones o imágenes en tu mente, que estás caminando por un bosque. Imagínalo, piénsalo, siéntelo.

Imagina y siente el olor del bosque, el musgo, la tierra mojada, el olor de los pinos.

Piensa en el verde del bosque, en las hojas verdes que hacen juego con el cielo azul.

Escucha a los pájaros cantar, óyelos. Míralos volar. Escucha al viento deslizarse entre los árboles...

Mira las ardillas correr entre rama y rama, y a las mariposas volar alrededor de ti.

Escucha un riachuelo a lo lejos. Camina hasta él. Oyes el sonido de pequeñas cascadas y pequeños remolinos y te deleitas ante tanta hermosura.

Siente cómo metes las manos y los pies en el agua fresca. Cómo tomas un poco de agua y mojas tu rostro. El agua resbala por tu cara. Tomas un puñado de arena y se pierde entre tus dedos.

Imagina que caminas por un sendero. Ves unas fresas rojas; cortas algunas y las llevas a tu boca. Se produce una explosión de sabor. Sientes cómo las semillitas de las fresas son trituradas por tus molares... tu boca se llena de saliva...

Llegas a un prado. Hay una gran cantidad de flores; rosas silvestres de intenso aroma. Acércate y huele. Inhala profundamente y empápate de su perfume. Hay narcisos, busca su olor. Tus sentidos recuerdan perfectamente el olor embriagador de las flores.

Caminas por el prado, el sol es agradable. Hay muchas flores pequeñas y muchas mariposas.

Llegas al centro del claro y ves un campamento indio. Una anciana te llama. Te acercas a ella; miras su rostro completamente lleno de arrugas. Viste con pieles y plumas y está completamente adornada con amuletos, piedras y huesos.

Junto a ella hay unas piedras y troncos que sirven de asiento. En el centro, una pequeña hoguera.

– Bienvenido, —dice la anciana.

– ¿Sabes por qué estás aquí? Te voy a enseñar un ritual para cortar telarañas. Pon mucha atención: Mira el sendero, allá donde florece en rojo, allá. Distingue a dos personas que se acercan caminando. Te resultan conocidas, descubres quiénes son. Son tu padre y tu madre. No importa si están vivos o en otro plano, son ellos. La luminosidad que dejaron en ti ahora está aquí. Míralos, quizás están como la última vez que los viste o tal vez tienen la imagen que conservas de ellos desde que eras niño.

Imagina que la anciana te sienta sobre un tronco y frente a ti, sienta a tu madre. La anciana se coloca detrás de ti y te dice:

– Vas a hacer un ritual para cortar telarañas y para limpiar tu luminosidad de la energía de tu padre y de tu madre.

La india te habla suavemente en el oído:

– Vas a presentarle a tu madre tus reclamaciones: aquellas cosas que no te gustaron de ella, aquello que te ofendió, que te desilusionó. Aquel enfado que nunca fuiste capaz de decirle. Vas a presentarle tus reclamaciones:

Madre voy a decirte lo que no me gustó de ti...

Quiero expresarte mis desilusiones, mis enojos...

Quiero reprocharte la falta de ayuda y la falta de cariño...

Quiero perdonarte por no haber estado allí cuando te necesitaba...

Escribe tus reclamaciones:

....

....

....

....

Hay un momento de silencio en el que tú hablas mentalmente con tu madre y le planteas tus reclamaciones personales...

Visualiza a tu madre y explícale lo que has escrito.

Imagina cómo tu madre, con lágrimas en los ojos y la barbilla temblorosa, te pide disculpas:

—Te pido perdón por no haber sido la madre que hubieras querido que fuera. Te pido perdón por no haber hecho aquello que esperabas que hiciera; por no haber tenido la fortaleza y la grandeza que tú hubieras querido que tuviera. Soy así. Sé que pude haber dado más de mí, pero fue lo mejor que pude hacer.

Ahora perdónala. Imagínate que la miras a los ojos y le dices:

– Madre, yo te perdono.

Te perdono por lo que me has hecho o por lo que yo esperaba que hicieras y no hiciste...

Madre, yo te perdono. Te perdono por lo que no hiciste.

Imagina a tu madre dándote un abrazo mientras las lágrimas ruedan por sus mejillas.

Ahora es tu madre la que te va a plantear a ti sus reclamaciones; sus desilusiones, sus enojos.

– Quiero decirte lo que no me gustó de ti. Quiero hablarte de esas cosas que como madre me molestaron: de tu falta de apoyo y agradecimiento, de tu falta de respeto y cariño.

Escribe las cosas que crees que tu madre escribiría…

....

....

....

....

....

....

Vas a oír cómo tu madre dice aquellas cosas que le molestaron de ti. Vas a escuchar sus reclamaciones y tú le vas a pedir disculpas.

– Madre quiero pedirte disculpas por no haber sabido agradecer quién eres y lo que hiciste, por no haber sabido qué hacer por ti. Quiero pedirte perdón por no haber sido el hijo/a que tú querías tener. Quiero pedirte perdón por las desilusiones, los enfados y los problemas que yo fui creando. Madre, te pido disculpas.

Hay un momento de silencio en el que hablas mentalmente con tu madre. Y vas a escuchar cómo tu madre te perdona.

– Yo te perdono.

La india se acerca a tu espalda y te toca.

Ahora vas a manifestar tu amor y tu agradecimiento a tu madre. Vas a decirle todas esas cosas hermosas que nunca te atreviste a decir. Vas a darle lo mejor de tu corazón.

«Madre, quiero decirte lo mucho que te quiero. Quiero manifestar mi amor incondicional por ti, mi agradecimiento a tus atenciones, tus sacrificios y tus cuidados. Quiero decirte cuántas cosas hermosas he vivido contigo. Quiero hablarte de mis momentos sublimes. Madre, vivo gracias a ti».

....

....

....

....

....

....

....

Ahora tu madre te va a decir las cosas hermosas que nunca te dijo y que ahora expresa para ti. Va a manifestar su amor hacia ti.

«Gracias por haberme elegido como madre. Te quiero. Gracias por los momentos sublimes y exquisitos que me has dado. Quiero darte las gracias por preocuparte y ocuparte de mí. Realmente me siento orgullosa de ti; de lo que haces, de lo que eres. Eres mi mayor orgullo. Te quiero, te amo, te adoro».

Tu madre está llorando y tú la abrazas como si fuera una niña pequeña. Ves la fragilidad de su alma y la fortaleza de la tuya.

La india os separa. Tú secas tus lágrimas mientras ves a tu madre que hace el mismo gesto que tú. Os abrazáis sonrientes y felices por haber expuesto todas aquellas cosas que seguían guardadas dentro de vosotras. Tu madre se separa feliz de ti y se marcha andando con tu padre por el sendero que los viste llegar.

Es muy recomendable hacer el mismo ejercicio con el padre.

Ahora, con toda la información que ya tienes, vas a escribir una carta a tu madre, exponiendo todas tus reclamaciones y todas las cosas que sentiste que te faltaron. Discúlpate por las cosas que quizás no hiciste bien o por las veces que pudieras haberle causado dolor. Agradécele, de todo corazón, todos los cuidados que te dio, todas las cosas que hizo por ti y sobre todo, agradécele el don más preciado que te dio: ella te dio la vida. Busca un momento de tranquilidad y escribe la carta a ese ser tan importante».

LA RECAPITULACIÓN

Por fin llegamos a la última parte del libro donde vas a conocer la recapitulación.

Como te explicaba, la recapitulación es una técnica muy poderosa para poder sanar a nivel energético y recuperar toda la energía que perdimos en algunos episodios concretos de nuestras vidas. Con la recapitulación trabajaremos sobre el cuerpo energético y cambiaremos todas aquellas órdenes que en un momento preciso nos dimos y que pasaron a formar parte de nosotros en forma de promesas internas.

La recapitulación se basa en una técnica que pronto vas a conocer, pero algunas veces puede darse de manera espontánea. Muchas veces puede desencadenarse al pasar por un determinado lugar, oler algo concreto o escuchar alguna música con algún poder evocador. Esta entrada espontánea puede ser superficial o profunda, dependiendo de las circunstancias, pero cuando acontece, nuestra mente racional no sabe cómo manejarlo. Buscamos escapar de este estado hablando con alguien o ocupándonos con cualquier cosa que desvíe nuestra atención. Cuando ignoramos esta situación estamos frenando a nuestro cuerpo energético para que haga algo que nos va a dar bienestar.

El proceso de la recapitulación trabaja sobre nuestro cuerpo energético, está más centrado en el sentir y revivir que en el pensar o analizar. A través de esta extraordinaria técnica, las personas pueden lograr grandes cambios en poco tiempo. Cada vez más, muchos profesionales de la salud aprenden y realizan esa potente técnica.

¿Qué obtenemos de la recapitulación? ¿Cuál es el principal objetivo del uso de esta técnica? El principal objetivo es hacer que nuestro cuerpo energético se recupere de los daños que ha sufrido en el pasado. Las vivencias que más precisan de recapitulación son aquellas en que nuestro cuerpo energético quedó dañado a causa de una interacción negativa con otro campo de energía: interacciones emocionales negativas con otras personas. Estas interacciones negativas emocionales causan daños que normalmente arrastramos toda la vida. Durante estas situaciones sentimos como si se perdiera una parte de nosotros mismos y muchas veces se esconde en algún rincón de nuestra mente para evitar el dolor que nos crea. Nuestra mente puede olvidar, pero nuestro cuerpo energético no. La recapitulación es la vía para poder entrar en esa memoria secreta.

Según el chamanismo, todos estos traumas energéticos dejan en nosotros una especie de agujeros y esos agujeros son los responsables de hacernos repetir patrones negativos una y otra vez. Recapitular nos permite recuperar esa energía que hemos ido perdiendo por el camino. Recuerda que aparte de sanar esas heridas que se manifiestan en el cuerpo energético como agujeros, es de vital importancia restablecer nuestro poder personal, recuperando toda esa energía que hemos ido dejando durante toda nuestra vida. Muchas veces, durante el proceso de recapitulación, al experimentar una recuperación de esa energía, se vive como si estuviéramos recuperando una parte de nosotros mismos. Es preciso recapitular para poder recuperar todo aquello que dejamos atrás, es vital que recuperemos nuestra alegría infantil, nuestra curiosidad, nuestra capacidad para maravillarnos con las pequeñas cosas de la vida y el entusiasmo por el mero hecho de estar respirando.

¿Cuándo dejaste de confiar en otras personas? La pérdida de confianza en las otras personas se relaciona con unos momentos y vivencias concretos de nuestras vidas. Gracias a la recapitulación podremos volver atrás e ir recogiendo todas aquellas pequeñas partes que dejamos por el camino. De la misma forma que vamos perdiendo parte de nuestra energía en estas interacciones emocionales negativas, a veces también cargamos con energías que no son nuestras.

La recapitulación nos da la consciencia para ver que muchas veces permanecemos atados al pasado. Continuamos estando ligados a situaciones, acontecimientos y personas de nuestro pasado. Mientras sigamos atados a esas situaciones, no podremos experimentar la libertad plena y va a ser un gran freno para poder llegar a alcanzar nuestros sueños. Todos tenemos experiencias personales que causaron estos enlaces, pero muchas veces ni las recordamos. Imagina que te enamoras intensamente por primera vez y que eres rechazado por ese gran amor. El rechazo, la vergüenza y el dolor que experimentaste en aquel momento puede estar interponiéndose en que tú puedas volver a mostrar abiertamente tus sentimientos.

Imagínate en tu momento presente. Imagina que quieres emprender cosas y hacer cambios en tu vida pero hay algo invisible que te frena. Quieres tener una nueva relación o cambiar de trabajo, pero te das cuenta de que te cuesta mucho, algo te está frenando. Este freno son las conexiones con tus experiencias pasadas. Cuando trabajamos a través del perdón y la recapitulación podemos llegar a experimentar la verdadera libertad; le quitamos a la poderosa águila la pesada bola de acero.

Una de las cosas más importantes que están ocultas son la promesas. Llamo promesas a los comandos emitidos por nosotros mismos en momentos de tremenda presión. Cuando nos vemos inmersos en una situación emocional negativa y de alto impacto emocional es cuando creamos nuestras promesas. Bajo la presión a la que nos encontramos sometidos, internamente prometemos no hacer algo nunca más o actuar de una determinada forma ante una circunstancia similar. Vamos a ver un ejemplo:

Claudia era una niña alegre y cariñosa de cinco años, curiosa con el mundo que la rodeaba. María, su madre, la amaba intensamente, pero le costaba mucho expresarle el cariño que sentía. Pocas veces la abrazaba o la besaba y desde hacía un año el contacto había disminuido por la llegada de su hermana pequeña. Era una muy buena madre pero tuvo unos padres muy distantes y no aprendió la expresión física del amor entre padres e hijos. La forma que tenía María de expresar el amor a su hija era teniendo un especial cuidado en todo lo referente a Claudia. La niña siempre iba impecablemente vestida y tenía una habitación preciosa llena de bonitos juguetes y decorada al detalle. María cuidaba y se preocupaba por Claudia y su hermanita hasta el extremo.

De todas formas, Claudia aun teniéndolo todo, siempre tenía la sensación de que le faltaba algo y no sabía lo que era. Sobre todo experimentaba este sentimiento al ver a su madre sosteniendo a su hermana cuando esta iba a recogerla a la salida de la escuela o cuando iba a acostarse. Cuando la escuela terminaba no era un momento bonito para Claudia. Veía a los niños reencontrarse con sus padres, felices, y con muchas muestras de afecto. Para Claudia, estos momentos eran diferentes a los de los otros niños.

Su madre le cogía la mano, le preguntaba cómo había ido el día en la escuela y como siempre, volvía a repetirle que tuviera cuidado a la hora de cruzar la calle. Muchas veces imaginaba cómo su madre iba a recogerla, la abrazaba, la besaba y le decía lo mucho que la quería. El tiempo que Claudia pasaba en casa con su madre, mientras ella cuidaba del bebé, estaba marcado por el silencio, que solo se interrumpía con frases como: «lávate las manos antes de comer», «Termina tu cena» o «Ahora ve a lavarte los dientes».

El padre de Claudia era distinto. Le encantaba cuando la levantaba del suelo con sus fuertes brazos para colocarla encima de sus hombros y cuando jugaban al escondite en el jardín. Qué bien se sentía sentada sobre sus piernas, abrazada a él mientras este le cantaba alguna graciosa canción. ¡Qué pena que pasara tantas horas trabajando!

Su padre era gerente de ventas y pasaba muchas horas fuera de casa. Era un padre y marido responsable y hacía todas las horas extras posibles para llevar más dinero a casa.

Un día, su padre tardó más rato del habitual en volver a casa, de hecho no llegó hasta el día siguiente. La niña, preocupada, jugaba con sus muñecas en el jardín mientras esperaba ansiosa su llegada. Pero en aquellos momentos el fuerte padre de Claudia estaba borracho en la barra de un bar. Una gran multinacional había comprado la empresa donde trabajaba y lo habían despedido. ¡Él que había entregado tanto!

La cólera y la frustración se habían adueñado de él, sentía cómo su vida se caía vertiginosamente. A la mañana siguiente se despertó con el amanecer, tumbado en un banco de un parque cercano al bar donde había intentado ahogar sus penas.

Claudia volvía a estar en el jardín cuando reconoció el sonido del coche de su padre y el corazón le dio un vuelco. Su padre se encontraba deprimido y mareado por los efectos del alcohol. Tenía verdaderos problemas para caminar, cuando Claudia salió contenta y se abrazó a sus piernas.

– Papi, papi ¿dónde has estado? Ven a jugar conmigo.

– ¡Cállate, no me molestes ahora! ¡Vete! –le dijo, mientras la empujaba violentamente.

Claudia cayó sobre la hierba mojada y empezó a llorar. Vio cómo su padre entraba en casa sin ni siquiera mirarla. ¿Por qué? ¿Qué he hecho yo para que mi papá ya no me quiera? ¿Por qué me ha empujado así si yo solo quería jugar con él? Estas preguntas se repetían en su mente mientras otro sentimiento más profundo afloraba: «¡Nunca te haré saber que te quiero. Nadie va a saber lo que siento!». Y de esta forma surgió la promesa que marcaría su vida. Fue un sentimiento profundo, un comando energético. Una orden profunda, nacida de un intenso sentimiento que forjaría una conducta automática en la pequeña Claudia.

Claudia estaba dolida, pero pasado un tiempo, volvía a jugar feliz con sus muñecas. Aquel doloroso recuerdo fue relegado a algún rincón de su memoria.

Su padre encontró un nuevo trabajo, pero aquella pequeña niña de cinco años, jamás sería la misma. Pasaron los años y aquella dulce niña creció convirtiéndose en una bella mujer. Pero a pesar de ser una mujer inteligente y atractiva, ninguno de los cinco noviazgos serios que tuvo llegaron a ninguna parte. Sus parejas se iban alejando de ella porque la encontraban demasiado fría y distante...

Cuando llegamos a este mundo, nuestros cuerpos energéticos son como un lienzo en blanco. Al igual que te contaba que nuestra mente es como un recipiente vacío. Experimentamos tres tipos de intercambio energético. ¿Recuerdas la lista de las personas con las que interactúas que hiciste en mi primer libro? En esta lista apuntaste si las personas te daban energía, si te la quitaban o si eran neutras. Recuerda también que nuestro poder personal, nuestra cantidad de energía, afecta directamente a todo lo que hacemos y a todo lo que nos pasa.

Ahora bien ¿qué podemos hacer? En primer lugar controlar esos intercambios energéticos con el entorno. ¿Recuerdas los círculos de acción y toda la estrategia chamánica para evitar poner nuestra energía en otras manos? Y en segundo lugar, podemos trabajar con la recapitulación para ir recuperando toda aquella energía que dejamos por el camino y volver a llenar esos vacíos en nuestro cuerpo energético. Y lo más importante, trabajar sobre todas aquellas promesas internas que aún guían nuestras vidas, trabajar sobre esos comandos energéticos que en su momento dejaron una marca en nosotros.

Volvemos al caso de Claudia y su promesa interna. Ella pudo entregarse a los hombres que estuvieron en su vida y aunque los amara intensamente no pudo verbalizar lo que sentía. Nunca pudo pronunciar un «Te amo», había algo a una gran profundidad que le impedía mostrar sus sentimientos. Se odiaba a sí misma por no poder hacerlo, no podía entender por qué le era imposible. Cuando su pareja se acercaba a ella para acariciarla, su cuerpo se tensaba y se cerraba. Con treinta años aún no había tenido relaciones sexuales y se dio cuenta de que algo no marchaba bien. Asistió a varias sesiones de psicoterapia.

La psicoterapeuta le preguntó varias veces si recordaba o creía que hubiera podido sufrir abusos sexuales. Ella no recuerda ninguna situación que pudiera haberla afectado en este sentido.

La historia de Claudia es la de una promesa. Una promesa que se forjó bajo un gran dolor y un tremendo desengaño, donde se prometió no volver a exteriorizar sus sentimientos. En la actualidad, Claudia no puede entender cómo no puede mostrar lo que siente, aunque a nivel racional quiera hacerlo.

Estas promesas o comandos energéticos no admiten análisis ni modificaciones, es algo que simplemente sucede y solo puede ser cambiado por un nuevo comando energético. Y esto es justamente lo que haremos con la recapitulación, creando de forma deliberada un comando o una promesa nueva. Lo que llevó a Claudia a hacerse la promesa, fue una situación tan dolorosa que pasó al olvido. Esa situación, literalmente se borró de su mente y en su edad adulta era incapaz de recordar qué había sucedido para estar experimentando todo eso actualmente. Su mente olvidó, pero su cuerpo energético no y en su día a día ese comando energético siguió actuando.

Todos llevamos promesas y estas son las que determinan lo que somos y hasta dónde podemos llegar. Estos comandos se encuentran detrás de esas acciones repetitivas que no podemos parar a nivel consciente. Muchas veces queremos empezar o cambiar algo en nuestras vidas y, aunque a nivel lógico lo veamos viable y aunque nuestra mente consciente nos respalde en esa decisión, aún así hay algo que nos lo impide, algo profundo que nos frena en una mejora evidente de nuestra vida...Este freno es una promesa y es importante que la liberemos, porque de la misma forma que está frenando este avance en nuestra vida, va a estar detrás de muchas acciones y no-acciones durante el resto de ella.

Cuando experimentamos bloqueos profundos y no podemos llegar al porqué están ahí, es importante comenzar a recapitular. Son comandos energéticos creados en situaciones pasadas que viven escondidas en algún recoveco de nuestra mente. Son situaciones pasadas que necesitan ser sanadas y liberadas. Esas promesas son una razón de peso para que empecemos a recapitular y acabar con esas ocultas órdenes, que en algún momento creamos y que actualmente rigen nuestra vida.

También es vital que aprendamos a decir adiós. No saber despedirnos es uno de los problemas más comunes en las personas, cuando vivimos en la negación. Por ejemplo, cuando perdemos a una persona importante en nuestra vida y no podemos llegar a decirle adiós porque no aceptamos este hecho.

¿Recuerdas la técnica de romper vínculos que te contaba en La magia que duerme en ti? Muchas personas no pueden decir adiós a nivel emocional y energético a alguna pareja. Aunque ya no estén en sus vidas, siguen conectados. Las personas que no se permiten soltar viven en una situación de dolor y enojo constante, porque se niegan a aceptar la realidad.

Imagínate el caso de una niña que pierde a su padre, siendo ella aún pequeña. Durante toda la situación es incapaz de derramar una sola lágrima, pero interiormente se oye la palabra: «¡No, esto no es real, sé que vas a volver, no puedes irte…». El dolor que experimenta está más allá de las palabras que pueda pronunciar. Desde fuera se observa a una niña seria e introvertida, aunque no muestre su dolor, ese se ha instaurado en un lugar muy escondido. La vida sigue, esa niña crece y el dolor continúa escondido en ella. Ese enfado y negación permanecen en ella, y van a estar condicionando todos sus pasos. Este comando la va a afectar, aunque aparentemente viva una vida feliz y sea una mujer sonriente. Ese dolor oculto permanece en ella.

Enfrentarnos a la pérdida de un ser querido, es muy doloroso. Muchas personas no vuelven a ser las mismas, son incapaces de superarlo. Otras personas siguen perdiendo su energía en la negación, sin aceptar lo que ocurrió. Tanto como en nuestras parejas pasadas como en las pérdidas de seres cercanos, debemos aprender a decir adiós.

Decir adiós no está reñido con experimentar dolor, tristeza y llorar muchísimo, por supuesto que no. Decir adiós es pasar por la etapa del duelo, donde experimentamos el dolor de la pérdida. Significa pasar un periodo de lágrimas y de tristeza hasta poder llegar a despedirnos y recobrar el bienestar.

Gracias a la recapitulación podemos viajar atrás en el tiempo. Volver a aquella persona, a la negación, a la ira y al dolor. Ese retorno nos dará la oportunidad de aceptar y podernos despedir.

PROFUNDIZANDO EN EL CUERPO ENERGÉTICO

Cuando nacemos, nuestro cuerpo energético está intacto. No se aprecian en él manchas, nudos o agujeros energéticos. Es un lienzo en blanco. Un recién nacido no experimenta limitaciones, se permite expresar lo que siente en todo momento y de hecho, esto es vital para su supervivencia. Aún no existe el ego. Los niños son seres mágicos que conservan aún todo su poder, un poder que no ha sido dañado por las luchas internas.

Los adultos vivimos con grandes luchas internas, recuerda el partido desigual:

Nos estamos enamorando, pero rechazamos a aquella persona por el miedo a que nos lastime; somos infelices con el trabajo que desempeñamos, pero tenemos miedo a dejarlo por si no encontramos algo mejor; estamos en una relación de pareja en la que sufrimos y nos lastimamos, pero aguantamos ante la perspectiva de experimentar la soledad. Queremos y odiamos a la vez. Estos dilemas internos nos quitan energía y hacen que vivamos una vida sin pena ni gloria, sin pasión. Vivir sin pasión es vivir sin poder. Vivir sin pasión es como si pudiéramos vivir una vida de unicornio y la vivimos como asnos, como diría Agustín, mi apreciado maestro chamán.

Los niños son lienzos sin pintar, no están sugestionados aún por todos aquellos estímulos externos que nos condicionan. Tienen el gran poder de focalizar toda su energía en una sola acción, lo que en el chamanismo se conoce como INTENTO. Los niños tienen grandes capacidades y pueden ofrecer soluciones que los adultos no contemplamos. Estamos tan ocupados en enseñarles cosas que nos cerramos a la posibilidad de aprender de ellos.

Cuando nacemos, nuestro cuerpo energético está completo y posee una gran brillantez. A medida que vamos creciendo e interactuando con nuestro entorno, esta brillantez va disminuyendo. Cuanto más crecemos, más nos parecemos a las personas que nos rodean, vamos creando programaciones con las experiencias e informaciones que nos llegan del exterior. Habrá adultos con un gran deterioro energético que pueda ya estar afectando a su cuerpo físico y otros con menos. Todo dependerá de la vida que hayamos tenido, de las experiencias que hagamos vivido y el entono de nuestra infancia.

Vamos a retomar la historia de la pequeña Claudia. Imagina que es consciente de todo lo que tiene que sanar a nivel interno y empieza a recapitular su vida. Quiere trabajar con la causa del gran problema que tiene en la actualidad y empezar a recapitular. Claudia prepara una lista con las situaciones pasadas que quiere recapitular y empieza el proceso. Un día, le llega el turno al acontecimiento pasado que creó el comando energético que ahora le impide poder mostrar sus sentimientos; aquella promesa que tantos años atrás se hizo y que está condicionando su presente.

Claudia recapitula esa situación y lleva a cabo el mágico proceso de la autosanación. Por primera vez después de aquel día en que creó aquella poderosa promesa, se siente feliz y libre. Ahora es capaz de prescindir de aquella defensa que creó, ahora puede prescindir de aquella dolorosa rutina que creó con tal de reprimir sus sentimientos. A partir de la recapitulación, puede volver a exteriorizar sus sentimientos y todas las relaciones con otras personas empiezan a mejorar. Pero para poder mantener esa sanación tiene que enfocarse en lo que llamamos NO-HACERES. Los no-haceres son aquellas acciones congruentes con el proceso de sanación. En el caso de Claudia, el «hacer» fue no expresar sus sentimientos, mientras que el «no-hacer» sería expresar lo que siente cada vez que se le presente la oportunidad para hacerlo.

Tenemos que potenciar todo lo posible estas nuevas formas de vivir que han estado tanto tiempo reprimidas en nosotros. Claudia tiene que practicar esto, no solo porque lo necesita, sino porque también es parte de su estrategia para convertir en permanente la sanación que consiguió con la recapitulación.

¿Por qué hay aquellas cosas en tu vida que te sientes totalmente incapaz de hacer?

Por mucho que nuestro exterior nos muestre que es posible, por mucho que nuestra mente racional nos diga: «Tú también puedes hacerlo», continúas bloqueado ante una situación. No es un simple miedo, existe una orden profunda que simplemente te impide a todos los niveles poder hacer lo que deseas. Es una orden irrefutable, por el simple hecho de que tú mismo en un momento y lugar precisos te la diste. Por mucho que veas a tu alrededor que es algo «normal» tú continúas totalmente paralizado ante esa situación; no entiendes el porqué pero no puedes hacerlo. Eso no es ser libre, es ser esclavo de lo que un día te ordenaste. Tu cuerpo y tu mente están programados con aquella orden y siempre que te encuentres ante una situación parecida vas a experimentar esa limitación que un día grabaste en tu ser. No entiendes el porqué, pero simplemente no puedes. Es hora de viajar a aquel pasado y cambiar esa orden.

La recapitulación es la técnica más profunda y efectiva que conozco para poder trabajar en todos aquellos comandos que nos guían. Ha llegado el momento de abrir los archivadores de peso, aquellos que contienen todas las promesas que en momentos dolorosos nos hicimos; muchos de ellos, vistos y vividos desde la óptica de un niño que experimentó una serie de situaciones sin poder entender su porqué.

El trabajo de la recapitulación va a cambiar tu vida por completo. ¿Recuerdas que siempre intentamos evitar el dolor? En El arte de crear deliberadamente te contaba como nos autosaboteamos intentando evitar una fuente de dolor. Te explicaba el caso de personas que empiezan a tener una vida de éxito, que empiezan a brillar en el mundo y un día de la noche a la mañana desaparecen. En estos casos, la fuente del dolor que puede ser el dolor de ser expuesto, de ser conocido, criticado y rechazado, tiene más peso que el placer de llegar a la cumbre. Cada vez que vislumbres una posibilidad que puede ocasionarte el dolor de esa herida que permanece en ti, simplemente quedarás paralizado, te darás excusas para cambiar de dirección, te autosabotearás o simplemente no te verás capaz de seguir adelante.

La única persona que tiene voz en tu vida eres tú. Puedes estar condicionado por una serie de creencias que llegaron de tu exterior, pero aquellas promesas que tú mismo te hiciste son las razones de más peso para que no puedas alcanzar lo que ahora deseas.

La recapitulación es una técnica exhaustiva. Hay personas que recapitulan toda su historia personal. Es un trabajo que necesita dedicación, pero imagínate por un momento, vivir sin esa limitación con la que luchas día tras día y poder ser totalmente libre para poder hacer lo que deseas de verdad. Vale la pena el tiempo y el esfuerzo de viajar a nuestro interior y poder trabajar en todo aquello que nos limita. Vale la pena para poder experimentar una verdadera libertad.

Desde que empezaste este camino has experimentado ya muchos cambios.

Trabajaste en tus creencias y en tu escala de valores. Ahora nos toca ir un paso más allá, un poco más profundo. Ahora nos toca coger goma de borrar y dedicarnos a deshacer todo aquello que un día se creó y sigue guiando nuestras vidas.

LA TÉCNICA DE LA RECAPITULACIÓN

La técnica de la recapitulación es de las más completas que existen actualmente para sanar las heridas que todos arrastramos del pasado. Básicamente necesitamos tres cosas: una lista de las cosas a recapitular, el objeto dónde se llevará a cabo la recapitulación y dos tipos de ejercicios respiratorios que alternaremos según nuestra finalidad, dependiendo de si queremos recuperar energía o de si queremos desprendernos de ella.

Empezamos entonces creando la lista, enumerando por escrito todos los acontecimientos significativos del pasado. Esta lista nos ayudará de dos formas: forzando el cuerpo a recordar y como guía o mapa de viaje en el proceso de la recapitulación.

Para aprender la técnica de la recapitulación, tenemos que trabajar lo siguiente:

1. Método para crear la lista
2. Técnicas para superar los obstáculos que puedan aparecer durante el proceso.
3. Cómo proceder después de la recapitulación de una vivencia significativa.
4. Cómo aplicar los resultados de las experiencias revividas en nuestra vida diaria.

Podemos decir entonces que encontramos pautas a realizar antes, durante y después de recapitular.

A. Antes de la recapitulación: crear la lista y crear el lugar dónde recapitular (esto te lo explico enseguida).

B. Durante el proceso de la recapitulación:
– Inicio del ejercicio respiratorio.

– Visualización del evento.
– Revivir el evento.
– Restauración energética.
– Toma de decisiones.
– Ensoñación de los no-haceres.
C. Una vez acabada la recapitulación: Puesta en práctica de los no-haceres.

Dentro del chamanismo, el significado de los no-haceres tiene una visión muy amplia. Pero cuando usamos este término dentro de la recapitulación su significado es más específico. En este contexto le daremos el significado de «actos deliberados». Los no-haceres serán entonces todos aquellos actos que iniciaremos de forma deliberada para reforzar el cambio obtenido en la recapitulación.

Empezaremos con la lista para crear nuestro mapa de ruta. Al crear la lista iremos recordando y empezaremos a escarbar en nuestro interior. Una vez se empiece con la recapitulación en sí, tomaremos la lista de los acontecimientos significativos y empezaremos. En el punto siguiente verás que hay formas diferentes de agrupar los acontecimientos dentro de la lista. Vamos a ver un ejemplo:

Imagina a una persona que está recapitulando todos los acontecimientos vividos que lo llevaron a odiar a su padre durante muchos años. Imaginemos que este odio profundo ha impedido a esa persona la necesidad de poder manifestar amor hacia él, una necesidad que verdaderamente existe en su interior. Imagínate que esta persona empieza a recapitular todos los acontecimientos pasados que lo indujeron a crear su promesa de odiar a su padre. Revive esas situaciones, las sana y se siente mejor. Después de recapitular para mantener la sanación, inicia un conjunto de no-haceres (acciones deliberadas) ligadas al trabajo que ha realizado. Estas acciones las denominamos «deliberadas» teniendo en cuenta la imposibilidad de la persona de realizarlas antes de haber revivido y sanado la experiencia con la recapitulación. Ahora, puede actuar de forma deliberada porque ya es capaz de llevarlas a cabo, ya que a través del trabajo de esos eventos ha podido recuperar la fuerza y la libertad para ponerlas en práctica. Algún ejemplo podría ser: abrazar a su padre, poder mantener alguna conversación profunda con él o compartir alguna velada juntos.

Sé que puedes sentir confusión ahora mismo. Toda la técnica es compleja y voy a mostrártela paso a paso, para que puedas entender cómo funciona cada parte. Vamos a enfocarnos en crear la lista.

Creando el mapa de ruta

La lista comprende todos los acontecimientos en los que trabajaremos, todos los eventos significativos que hemos vivido a lo largo de nuestra vida. Los objetivos de la lista son: servirnos de guía en el proceso de recordar y revivir el acontecimiento, ayudarnos a recobrar memorias ocultas y darnos un orden de importancia y de recapitulación.

Lo primero que vamos a hacer para crear la lista es escribir los NOMBRES de las personas importantes en nuestra vida y al lado escribiremos todas las VIVENCIAS SIGNIFICATIVAS que hemos tenido con esas personas. No es necesario que escribamos en la lista todos los acontecimientos que hemos tenido con esa persona, sino los eventos más significativos, aquellas vivencias más importantes y que significaron cambios a nivel emocional y energético. Vivencias donde nuestro cuerpo energético fue afectado y que aún arrastramos; energía que continuamos arrastrando y que no nos pertenece o energía que perdimos. Voy a ponerte algunos ejemplos de eventos significativos:

– Situaciones que hicieron que te crearas promesas internas que cambiaron tu vida.

– Eventos que cambiaron tu visión respecto a las relaciones amorosas y sexuales.

– Situaciones que te llevaron a perder o cambiar alguna cosa que era una auténtica expresión tuya.

– Eventos con dolorosas experiencias emocionales.

– Situaciones en las que fueron implantados tus miedos repetitivos.

– Hechos ligados a relaciones importantes en tu vida.

– Hechos de los que te sientes profundamente avergonzado.

– Hechos que tienen que ver con lo que escondes a las otras personas.

– Acontecimientos en los que puedes reencontrar partes de ti que ya creías perdidas.

– Situaciones en las que te traicionaste a ti mismo o a otras personas.

– Eventos relacionados con tus experiencias sexuales.

– Situaciones que implicaron dolor por la pérdida de algún ser querido.

La lista puede seguir y seguir. Te muestro algunos ejemplos para que tengas un poco de guía. Y ahora, seguro que te estarás preguntando: ¿Cómo manejo yo tanta información?

Al principio vas a recapitular los acontecimientos que crees que son necesarios.

Una vez hayas creado la lista con los nombres y los hechos experimentados con ellos, vas a ver cuáles son los más intensos, aquellos que necesitas trabajar.

Lo más adecuado es que organices tu lista por categorías o áreas. Si tienes bien detectadas situaciones de gran impacto en ti, que seguro que las tienes, anótalas y remárcalas. Si ves que aparecen muchas personas con las que viviste eventos significativos que tengas que trabajar, puedes crear una subcategoría, agrupando esas personas según sean:

– Familiares
– Amigos
– Parejas
– Personas con las que has tenido relaciones sexuales*
– Compañeros del trabajo, compañeros del colegio, instituto o universidad...

*Voy a aclarar este punto, ya que es un tema que a veces crea confusión y es sumamente importante que recapitulemos nuestros encuentros sexuales. Desde el punto energético, el sexo es importante porque entraña un intercambio de grandes cantidades de energía con el compañero sexual. Es importante porque el impulso sexual es uno de nuestros instintos más básicos. A veces hay una gran confusión entre lo que deseamos, lo que creemos que deseamos o lo que nos dicen que deberíamos desear y crea unas grandes fugas de energía. ¿Recuerdas el trabajo de visualización que hiciste en La magia que duerme en ti para cortar los vínculos energéticos con tus parejas pasadas? De alguna manera ya trabajaste en decir adiós a nivel energético a esas personas, pero con la recapitulación trabajaremos a un nivel más profundo.

Si observas la lista de ejemplo, esta se caracteriza por hacer referencia a personas, ya que la historia energética tiene que ver plenamente con gente. De una forma u otra, siempre nos estamos relacionando con otras personas y esta interacción ha diseñado la trama de nuestra vida. No obstante, también existen eventos significativos que no tienen que ver con otras personas, acontecimientos que experimentamos solos, que nosotros mismos originamos y que tambén necesitan ser recapitulados. Por este motivo, puedes agregar a la lista los hechos que tuvieron lugar estando solos, aunque la chispa que encendió esa situación se diera estando con otras personas.

Puedes crear la lista partiendo de los nombres de las personas que agrupas en familiares, amigos, parejas, etc o puedes crear áreas, por ejemplo separadas por el tiempo como: niñez, adolescencia, etc. Si prefieres trabajar con áreas temporales, anota después los nombres de las personas significativas en cada área y utiliza una palabra para recordar el evento específico a trabajar con cada una de ellas.

Interactuamos con muchísima gente...si te decides por crear una lista cronológica que vaya del pasado al presente o del presente al pasado, no te atasques tratando de recordar todas las personas con las que tuviste situaciones significativas. Siempre estás a tiempo de ir añadiendo vivencias dignas de ser recapituladas sobre la marcha. Escribe ahora lo más importante y si durante el proceso se van destapando otras situaciones, trabaja también en ellas. A medida que vayas creando este mapa de ruta, cada vez que repases tu lista irás recordando más situaciones para recapitular.

Puedes trabajar entonces por áreas concretas (parientes, amigos, compañeros, parejas...) o por orden cronológico, lo que mejor se adapte a tu situación. Si optas por trabajar a nivel cronológico, tendrás que ubicar en el tiempo todas aquellas personas que apuntaste en la primera lista, según fueron apareciendo en tu vida, según viviste situaciones o según tuviste relación con ellos.

Puedes ordenar los nombres según la edad que tú tenías. Así, por ejemplo, todas las relaciones de tu edad adulta aparecerán en la misma sección, y lo mismo pasará con las personas correspondientes a tu juventud, adolescencia, niñez y primera infancia. Una vez tengas hecha esta lista, basándote en las áreas o en el tiempo, solo tienes que determinar con qué quieres empezar. Puede ser que quieras recapitular unas áreas que consideres más importantes para después seguir con las demás o que des preferencia a unas áreas o personas concretas porque contienen acontecimientos relacionados con esa parte de tu ser que necesitas rescatar.

La forma de proceder es totalmente subjetiva; habrá personas que empezarán recapitulando aquellos eventos más intensos y otras personas que empezarán a recapitular desde su primera infancia hasta el momento presente. Hazlo como mejor te vaya. Es importante que elijas un orden que haga funcionar tu lista. Puedes optar por ejemplo por empezar a recapitular tus relaciones sentimentales o las situaciones importantes con tus padres, que continúes con tus relaciones laborales, etc...

Escribir los eventos

Una vez tengas la lista hecha, según el orden que hayas escogido finalmente, vas a escribir los acontecimientos significativos que quieres recapitular. Empieza con la primera persona que tengas en la lista y escribe todas las cosas importantes que hayas vivido con esta persona. No hace falta que escribas una descripción del evento, si no únicamente un par de palabras que puedas relacionar con este. Por ejemplo: «Pelea con Ana». No hace falta que analices ahora mismo lo que ocurrió, limítate a anotarlo.

Una vez tengas todas aquellas situaciones que necesitas recapitular relacionadas con esta persona, pasa a la siguiente persona de la lista y así sucesivamente. Puedes empezar a recapitular antes de que acabes con todo el mapa de ruta. Aunque te falten aún áreas por acabar, si una ya está terminada ya puedes empezar. Normalmente se espera a tener toda la lista terminada, pero si ves que se retrasa y tienes necesidad para empezar a trabajar en algunas áreas de tu vida, puedes empezar. Ten en cuenta que la preparación de la lista ya es de por sí un poderoso trabajo. No quiero decir que tenga la misma potencia que realizar la recapitulación, pero sí que al realizarla ya se obtienen resultados.

El hacer la lista es en sí mismo todo un ejercicio; estás haciendo un inventario de tu historia personal. Muchas veces, al hacer la lista, ganamos consciencia de cómo un evento ha estado dirigiendo de forma clandestina nuestra vida hasta la actualidad.

El mero hecho de ganar consciencia, de dar luz a un comportamiento, es ya de por sí un cambio. Al crear la lista podemos ver todos aquellos acontecimientos significativos a la vez en lugar de verlos de forma separada. Podemos ver las repeticiones y parecidos entre ellos o cómo un hecho nos llevó a vivir otro. Podemos ver nuestras repeticiones, nuestros patrones internos y las tendencias que tenemos.

¿Cuándo utilizar la lista?

La lista la usaremos en el momento de confeccionarla y para ayudarnos a llegar a más eventos significativos, así como en el momento previo a iniciar la recapitulación. La lista nos sirve de guía para que de ella seleccionemos los acontecimientos que vamos a recapitular ese día. Nos servirá para ver lo que ya hemos ido trabajando y lo que nos queda por hacer.

Para recapitular es necesario tener el tiempo y el espacio necesarios. Es muy importante que encuentres un tiempo en el que puedas estar tranquilo y que no seas molestado. Para poder hacer una buena recapitulación es necesario que al menos dispongas de una hora cada vez que utilices la técnica para poder terminar con todo el proceso. Puede que estés pensando que es mucho tiempo, pero te garantizo que vale la pena y que cuando veas el resultado después de tu primera sesión y aprecies lo bien que te sientes, no será ningún impedimento. Es importante ir trabajando con frecuencia para no romper el hilo conductor que nos lleva de unas vivencias a otras. Hay personas que han hecho grandes trabajos de recapitulación de su historia personal. Tenemos muchas cosas que sanar y liberar.

A veces es mejor llevar a cabo la recapitulación en sesiones intensas y duraderas que con sesiones cortas realizadas en un largo período de tiempo. Pero como cada uno de nosotros es distinto y tiene sus formas de actuar, adapta la recapitulación a la forma que sea más cómoda para ti. Si por tus obligaciones no dispones de mucho tiempo para poder realizarla, entonces lo mejor es que trabajes en la lista por segmentos, tratando de terminar cada uno de ellos antes de acabar la sesión. Por ejemplo: edad adulta, niñez, adolescencia, etc.

Se realizan cursos de chamanismo enfocados a la recapitulación, donde tienes la oportunidad de hacer un trabajo intenso durante unos cuantos días. Esa también es una opción.

La caja de recapitulación

Sí, sí, lo has entendido bien, la CAJA. La recapitulación puede llevarse a cabo en diferentes espacios, pero el más habitual para poder recapitular en casa es dentro de una caja. Por diversas razones, hay muchas personas que inicialmente no aceptan de buen grado la idea de recapitular en una caja. Hay personas que sienten miedo, que padecen claustrofobia, que creen que van a experimentar la sensación de estar atrapados, etc.

A causa de estos diversos temores, muchas personas se preguntan si es posible recapitular fuera de la caja. La respuesta es que sí se puede, pero es mucho más fácil y eficaz realizar esta técnica dentro de ella. Me explico...

Cuando nos metemos dentro de la caja, nos retiramos de la actividad diaria.

En ella, encontramos oscuridad, soledad y tranquilidad. Estas tres condiciones son primordiales para poder hacer una buena recapitulación. Muchas personas también recapitulan en grutas o cuevas pequeñas. Todo lo que sea oscuro y cree un recogimiento será indicado.

La caja crea un ambiente especial, y al ser tan diferente de lo que nos rodea a diario, nuestro cuerpo siente que está sucediendo algo inusual. Pero lo importante es recapitular. Si realmente tienes serios problemas para utilizar una caja, por los motivos que sea, también puedes hacerlo sin ella. Cada vez que recapitulemos en su interior, esta va llenándose con una energía de una atención especial, la atención que tenemos al recapitular. Por lo tanto, cuanto más hayamos recapitulado en ella y esta esté más llena de esa energía, más fácil nos resultará recapitular. Al estar dentro de un espacio pequeño, nuestro cuerpo energético se comprime y nos facilita el poder recordar.

Puedes hacerlo como quieras, pero estadísticamente las personas que recapitulan dentro de una caja obtienen mejores resultados que las que lo hacen fuera. La decisión, sin embargo, es íntegramente tuya. Si hay un obstáculo importante que te impide hacerlo de esta forma, hazlo sin ella. Lo importante es que lo hagas.

¿Cómo construir la caja?

Vamos a la parte práctica de construcción de la caja. No tiene nada de complicado, es únicamente una caja de madera rectangular con la parte delantera abatible, a modo de puerta. Las medidas de la caja dependerán del tamaño de tu cuerpo. La postura que se adopta para recapitular es sentado, con las piernas cruzadas y la espalda apoyada en la pared posterior. En esta postura, el espacio entre tus rodillas y las paredes laterales debe ser de unos 8cm, la misma distancia que debe haber entre tu cabeza y la parte superior. La distancia entre tus pies y la parte anterior debe ser de 13 cm.

Para poder fabricar la caja, tienes que medirte en la posición que vas a adoptar dentro de ella. Con la ayuda de alguien, toma las medidas que necesitarás. Una vez las tengas podrás adquirir los tablones para hacerla. La parte anterior tiene que ir con bisagras a modo de puerta. Es importante que la caja sea de madera.

Si finalmente te decides a recapitular dentro de la caja, es aconsejable que la hagas tú. El proceso de realización es importante, ya que determina el poder que ella tendrá y de alguna forma es como un ritual inicial antes de entrar a trabajar con la recapitulación. No escribas ni dibujes nada en ella. Una vez tengas hecha la caja ya puedes empezar. Busca un sitio tranquilo y oscuro para colocarla. Es vital que nada te interrumpa ni distraiga durante el proceso de recapitular.

Como te contaba, la caja va a convertirse en un contenedor energético y por este motivo es importante que no entren en ella niños ni animales domésticos. La caja se irá llenando de toda la energía de tus experiencias pasadas y si entraran en ella, podrían cargarse con esa energía y encontrarse mal. Tu caja es para ti y nadie más debe entrar en ella. En la silla que utilices puedes poner un cojín delgado para sentarte encima de él. No pongas muchas cosas dentro de la caja porque aparte de reducir el espacio, podrían darte «demasiada» comodidad y producirte somnolencia. Colócala en un lugar que no sea muy visible para otras personas para no tener que dar explicaciones.

INICIANDO LA RECAPITULACIÓN

Vamos a ver paso a paso cómo se lleva a cabo la recapitulación. Ya tienes la caja y la lista con los eventos significativos. Es importante que distingamos entre un acontecimiento o un grupo de ellos relacionados entre sí, ya que a veces no es fácil determinar dónde empieza y termina un evento. También puede ser que un acontecimiento forme parte de un hecho más amplio. Esto es habitual, porque en la vida estamos más expuestos a acontecimientos encadenados que a eventos aislados.

No te preocupes si al iniciar la recapitulación tienes dudas sobre si vas a recapitular un evento aislado o una serie de eventos relacionados. Haz caso a tu intuición y a medida que vayas ganando práctica en el proceso, te será cada vez más fácil. Piensa que puedes ser flexible, organizar y escoger los eventos de la forma que sea más conveniente para tu trabajo.

¿Cómo proceder?

1. Lo primero es seleccionar el evento que vas a recapitular de la lista; después entrar en la caja y empezar con la respiración de relajación. Esta respiración no tiene ningún secreto, simplemente es una respiración consciente y profunda. Con este tipo de respiración podrás relajarte y llegar a la concentración óptima para empezar.

2. Ver lo que sucedió desde fuera. En este paso vas a convertirte en un espectador, vas a ver el evento como si se tratara de una película que simplemente estás mirando.

3. Vivir lo que sucedió. Aquí pasas a ser el protagonista de la situación. Estás dentro viviendo lo que en el paso anterior estabas

observando. Estarás reviviendo aquella situación y por lo tanto, experimentando todos los sentimientos que aquel día viviste.

4. Volver a ver el evento desde fuera. Volverás a ver la situación, pero esta vez sanándola a través de la respiración indicada. En este paso vas a utilizar la respiración correspondiente a recuperar la energía que perdiste o a desprenderte de energía ajena que quedó pegada en ti.

5. Toma de decisiones. En este paso vas a establecer los cambios conscientes que llevarás a cabo para reforzar la sanación realizada con la respiración.

6. Visualizar los cambios. En esta parte de la recapitulación, te visualizarás llevando a cabo los cambios que has decidido; realizando acciones en tu vida relacionadas con tu sanación y las decisiones a las que has llegado.

Estos son los seis pasos de la recapitulación. Después de haberlos realizado puedes seguir con otro evento distinto, pero antes debes volver a un punto neutral. Respiras con normalidad y vacías tu mente del contenido con el que has estado trabajando. Una vez recuperes la normalidad, puedes seguir con otros eventos. Vamos a ver los pasos de forma detallada. Más adelante te voy a explicar minuciosamente las dos técnicas respiratorias para recuperar o desprenderte de energía ajena a ti.

Inicio de la recapitulación

Empezamos seleccionando el evento o serie de eventos a recapitular. Se entra en la caja (si es que finalmente te has decidido a usarla) y empezamos con la primera respiración durante unos minutos hasta sentir que nuestro cuerpo está preparado para iniciar el trabajo.

1. VISUALIZACIÓN DEL EVENTO

Primero ves el evento a recapitular como si lo estuvieras observando desde fuera. Tú eres el actor de la película que estás observando, tienes ante tus ojos tu pasado. Presta atención a todos los detalles de lo que estás mirando. Observa los sentimientos presentes en todas las personas implicadas, fíjate en qué dejan ver todos los personajes de la película. Trata de descubrir todos los sentimientos ocultos en ellos. ¿Qué es lo qué sucede en el interior de todas esas personas? ¿Qué sucede dentro de ti mismo?

Recordemos la historia de Claudia y el momento en que se dio la orden de no volver a exteriorizar sus sentimientos. Imaginemos que Claudia ha iniciado su recapitulación y que está dentro de la caja recapitulando aquel traumático día. El día en que fue rechazada de forma desproporcionada por su frustrado padre.

Ella se encuentra en la caja viendo la película de aquel evento en concreto. Se ve a sí misma corriendo feliz al encuentro de su añorado padre y cómo este la rechaza de forma violenta. En este momento no ve el evento desde sus ojos infantiles sino desde fuera. Desde esta nueva perspectiva y con su madurez actual, puede ver la desesperación y el dolor en el rostro de su padre. Al poder ver el evento desde diferentes perspectivas, ganamos claridad. Esta primera visualización externa, sin encontrarnos dentro de la situación, nos permite poder observar sin estar tan implicados a nivel emocional. No tengas prisa en acabar este paso, procura verlo todo, tanto si estás observando un único evento como varios eventos consecutivos. Fíjate en todos los detalles y dedícales el tiempo necesario. El tiempo necesario para este paso dependerá de la extensión del evento y de la práctica que ya poseas en recapitular. Una vez has podido observar todo lo que ocurrió de forma minuciosa, ya puedes continuar con el siguiente paso de la recapitulación.

2. REVIVIENDO EL EVENTO

Como ya sabes, en este paso tú vuelves a ser el actor de la película que hace un momento mirabas en una pantalla. Estás dentro del evento y por lo tanto, no te verás a ti mismo, sino a las personas que te acompañaban aquel día. Estás reviviendo el pasado en tu presente, estás haciendo lo que hiciste aquel día. Estás pronunciando las mismas palabras, haciendo los mismos gestos, teniendo los mismos pensamientos y sentimientos. Aquel evento pasado está aquí y ahora.

Para poder revivir lo sucedido entonces, no se trata únicamente de recordarlo, de alguna forma tienes que representarlo, eso sí, dentro de las limitaciones de la caja en la que te encuentras. Muévete un poco, verbaliza lo que en su día dijiste e incluso aquellas palabras que quedaron atascadas en tu garganta. Aquellas palabras que no llegaron a salir de tu boca pero que sentiste en tu cuerpo. Trata de mantener tu mente racional alejada, no analices lo que está sucediendo, simplemente date permiso para experimentar el evento, date el permiso para vivir y sentir aquella situación. No permitas a tu mente racional interferir en el proceso, simplemente siente y si necesitas hacer algo, hazlo.

Lo importante es pasar del recordar al sentir, al revivir.

Sé por experiencia que todos hemos pasado por situaciones difíciles de revivir.

Todos viajamos con profundos dolores que nos condicionan totalmente. Pero piensa que para volver a ser libres debemos volver a aquel lugar donde todo se originó. Puede que regresar a aquel nefasto día te cause un dolor intenso, pero si no trabajamos en aquel evento, ese dolor te va a estar acompañando toda la vida. No vas a experimentarlo a un nivel tan intenso, pero continuará marcando la trayectoria de todo lo que suceda en tu realidad. Te animo a que te enfrentes a aquello que viviste y puedas sanarlo para siempre.

Por lo tanto, lo que buscamos en este paso es revivir una situación pasada, intento que va en contra de nuestra percepción normal, ya que nuestra mente cree que el pasado se ha ido para siempre y es irrecuperable. Por este motivo, vamos a encontrarnos con resistencias mentales, ya que para nuestra mente, revivir el pasado es algo difícil de aceptar. Este paso es uno de los más decisivos en el proceso de la recapitulación.

Volver a vivir aquellos eventos pasados dolorosos no es tarea fácil y puede que tu mente trate de sabotearte en más de una ocasión, pero es vital que aprendas a revivir esos acontecimientos.

Este paso supone un gran reto, ya que al revivir los acontecimientos pasados entras en un estado de realidad no ordinaria, donde dejas atrás el control de tu mente racional y te dispones a rendirte a experimentar, a vivir la experiencia.

Desde que nos conocemos, hemos empezado el camino para educar nuestra mente en su afán de protegernos. Ya sabes que es difícil hacer cualquier cosa si nuestra mente opone resistencia o cuando simplemente nos está diciendo que es imposible. Puede que sientas que tienes que revivir tu pasado, pero que en algunos momentos pienses que no es posible. Tu mente opondrá resistencia porque experimentar de nuevo el dolor que un día produjo ese evento no está en sus prioridades, sobre todo si fue un acontecimiento especialmente doloroso.

Lo primero que debemos vencer es esa atención ordinaria que nos está frenando a trabajar en nuestro pasado. Aparte de acallar nuestra mente para poder trabajar en las causas de nuestro dolor escondido, hay varias acciones que podemos realizar para facilitar la experiencia de revivir el evento significativo:

Puedes hablar, pronunciar palabras en lugar de pensarlas. Mientras revives la situación puedes decir las palabras que pronunciaste en aquel momento y las que no tuviste valor de decir. Cuando puedes verbalizar aquellas cosas que quedaron dentro de ti, estás allanando el camino para poder conectar de forma intensa con los sentimientos que experimentaste. Expresa los sentimientos que revives en voz alta.

Decir los nombres. Puedes decir los nombres de las personas que figuran en tu historia. Por la simple repetición del nombre de las personas presentes puedes crear una conexión energética y emocional con dicha persona.

Moverte. Si sientes la necesidad de moverte durante la recapitulación, hazlo. Si necesitas cambiar de postura, tirarte hacia adelante o abrazarte las rodillas, hazlo.

Expresar las emociones. Llorar, gritar, gemir...en este paso trabajamos desde el sentir, no desde el pensar. Cuando te permites llorar o gritar, estás dejando a un lado tu mente racional.

A veces no podemos recordar un evento por el dolor que sentimos. Si experimentas un gran temor únicamente recordando un acontecimiento, significa que ese dolor está bien anclado en ti y que continúa afectando de forma limitante tu vida. Si no le plantas cara ahora y de una vez por todas, te perseguirá el resto de tus días. Cuanto más trates de escapar de él, más te acosará. Por este motivo es tan importante que recapitulemos todos los eventos que nos han causado daño. Volvemos a revivirlo no por el gusto de sufrir, sino para sanar. Cuando hemos logrado revivir la experiencia, podemos desligarnos del dolor y empezar a sanar.

3. RECUPERAR Y RESTAURAR NUESTRA ENERGÍA

Esta fase es para poder recuperar aquella energía que perdimos o para deshacernos de la que no es nuestra y aún nos acompaña. Para poder realizar este paso de sanación, es necesario volver a observar el evento desde fuera. Volverás a ver la película de ese evento en tu mente, pero ahora, a diferencia de la primera vez, serás un observador desapegado. No hay en tu ánimo pena o autocompasión, lo único que deseas hacer es sanar esa situación y restaurar tu campo energético.

Vamos a utilizar una de las dos técnicas respiratorias dependiendo de si en el evento que estás observando perdiste energía o te ves quedando impregnado de energía ajena. Por lo tanto, utilizaremos:

La respiración 1 para recuperar la energía que perdiste en aquella situación.

La respiración 2, si quieres desprenderte de energía de otras personas que quedó en ti o si quieres romper una promesa a la que has estado ligado desde entonces.

En el caso de que estés viendo un evento en el que creaste una promesa secundaria a una pérdida de energía, empieza por la respiración 1 para recuperar la energía y sigue con la 2 para trabajar con la promesa. Estas técnicas respiratorias tan poderosas deben ir acompañadas de la intención de recuperar la energía que perdiste o de la intención de deshacerte de esa energía que sigue en ti y no es tuya. Para que la sanación se produzca, debes volver al evento y cuando llegue el momento, debes estar preparado para desprenderte de aquella vivencia y empezar de esta forma a sanarte.

Cuando puedas experimentar de forma intensa todos los sentimientos que viviste en aquella situación, es momento de salir fuera del evento y empezar a sanarlo. A muchas personas les cuesta mucho poder salir de lo que ocurrió cuando lo están reviviendo. Aunque parezca paradójico, hay muchas personas a las que les cuesta salir cuando están metidos en eventos intensamente dolorosos. Cuando hemos tenido una experiencia muy traumática, la estructura de nuestro ego ha sido construida sobre la base de esa experiencia traumática. Nos identificamos con la persona que ha pasado aquel dolor, con la persona que vivió aquella infancia tan dura, con la persona que padeció aquella profunda herida. Es como si estas heridas sustentaran nuestra identidad.

Ya sabes que hay grandes resistencias a los cambios; todos los cambios entrañan peligro. Cuando decides soltar aquella parte de tu vida, también puedes experimentar resistencias. Aunque hayamos vivido un pasado nada agradable, es el que sustenta y nutre a nuestro ego. Debemos estar dispuestos a romper el apego que tenemos a nuestro pasado, romper el apego que tenemos a nuestra historia personal. Uno de los mayores miedos del ser humano es el miedo a perder la identidad. Aunque esta identidad esté forjada a base de experiencias dolorosas, una parte de nosotros se aferrará a ella y tendrá miedo a dejarla ir.

Hay personas que no están preparadas para despedirse de una profunda herida que ha sido su compañera de viaje durante muchos años. Pero hasta que no podamos despedirnos de aquellas situaciones, no podremos experimentar la libertad. Porque tú no eres lo que te pasó, eres mucho más que eso. Mientras no podamos sanar y liberar nuestro pasado doloroso, este nos va a continuar guiando, en nuestras acciones y no acciones, en nuestras decisiones y formas de reaccionar en la vida.

Ese fluir irrefrenable de dolor hasta ahora contenido y escondido, es el primer paso para sanar nuestra alma y despedirnos de este dolor que llevamos cargando tantos años. Debemos estar dispuestos a desprendernos de esa pena para lograr una verdadera sanación.

4. TOMA DE DECISIONES

El siguiente paso se centra en la toma de decisiones. Una vez terminada la sanación del evento mediante las técnicas respiratorias, pasaremos a este punto. Tu toma de decisiones va a tener lugar a dos niveles: mental y energético. Me explico: A nivel mental piensas e incluso declaras en voz alta las decisiones que has tomado. Las decisiones que implicarán los cambios que deseas en tu vida y en ti mismo. A nivel energético, trabajas con una nueva orden energética que sustituye a la que has sanado y que estaba controlando tu vida hasta este momento.

Vamos a retomar otra vez la historia de Claudia:

Ella ya ha sanado su evento traumático con el rechazo desmesurado que experimentó por parte de su padre y llega el momento en la recapitulación de la toma de decisiones. Ya sabes lo mucho que sufrió Claudia debido a su incapacidad de expresar sus sentimientos. Ella recapituló la promesa que en aquel momento se hizo, aquella orden energética que decía: «A partir de ahora, no voy a mostrar mis sentimientos a los demás». Las decisiones que Claudia puede expresar después de haber trabajado en su promesa interna irán encaminadas en dirección contraria a la orden que tanto tiempo cumplió.

La decisión de Claudia podría ser: «A partir de ahora, dejaré de ocultar mis sentimientos, pase lo que pase. Mostraré siempre lo que siento si tengo necesidad de ello y el miedo no va a paralizarme nunca más».

No es fácil transmitir en estas frases la intensidad emocional de una declaración como esta. Tú ya conoces la historia de Claudia y puedes entender qué significa un decreto de este tipo para una mujer que ha pasado su vida sin poder mostrar sus sentimientos. Imagínate el dolor de una persona que sufre por su incapacidad, generada por la promesa que un día se hizo, de poder mostrar lo que siente a las personas que más ama. Imagínate a Claudia, después de 30 años sin poder mostrar sus sentimientos, gritando su declaración.

De alguna forma, tu toma de decisiones también va a ser gritada desde dentro de tu caja. Gritar tu declaración es solo la parte externa de la toma de decisiones; la parte interna es la que trabaja sobre tu ser. Aparte de verbalizarlo, debes sentir lo que decretas en cada rincón de tu cuerpo, con todo tu ser. La intensidad emocional y la total convicción de lo que estás decretando, son los factores que hacen que tu decisión se convierta en una orden energética, en una promesa de poder.

¿Recuerdas como se crean las promesas internas? Convicción y alto impacto emocional. Cuando creamos nuestras promesas internas, hace ya tantos años, lo hicimos en momentos emocionalmente intensos en los que tuvimos una total claridad para decretar lo que decretamos. De esta forma forjamos en nuestro ser una orden energética, una promesa.

5. VISUALIZACIÓN DE LOS NO-HACERES

Este es el último paso que se realiza dentro de la caja de recapitulación. Los dos últimos tienen lugar fuera de ella.

Los no-haceres son todas aquellas acciones que la persona no podía realizar por la orden energética que un día creó. Por ejemplo, el no-hacer de Claudia era el expresar sus sentimientos. El no-hacer es aquella acción que eras totalmente incapaz de llevar a cabo. En este paso vamos a visualizarnos llevando a cabo nuestros no-haceres.

Nos veremos realizando aquellas cosas que hemos decretado en la toma de decisiones. Crearemos en nuestra mente la imagen de cómo estamos realizando aquello que siempre se nos ha resistido, aquello que simplemente éramos incapaces de llevar a cabo.

En el caso de Claudia, podría visualizar todas aquellas situaciones en las habría tenido problemas si no hubiera trabajado en su promesa interna. Podría visualizarse diciendo a los miembros de su familia lo mucho que los quiere. Se podría visualizar abrazando a su madre y diciéndole lo mucho que la ama y cuánto echaba de menos sus caricias en su niñez. Podría visualizarse diciéndole a su antiguo novio lo mucho que lo amó y el problema que tenía hasta entonces para mostrar lo que sentía. Podría visualizarse hablando con las personas que tanto ama en la actualidad y ver cómo les dice que los quiere intensamente, mientras los abraza cálidamente. Puede verse llamando por teléfono a todas aquellas personas importantes en su vida, diciéndoles lo mucho que las aprecia.

El visualizar las acciones deliberadas, te da la libertad para soñar lo que quieres. En esta parte del proceso tienes que dejar que tus pensamientos y emociones vuelen libres hacia esas cosas que siempre has querido hacer. A través de la visualización de los no-haceres abrimos una puerta energética a una nueva época de nuestra vida.

Ya conoces el poder de la visualización, del que te hablé en mi segundo libro.

A través de la visualización ya estamos creando esa opción para nosotros y a nivel interno estamos preparando las condiciones para poder llevar a cabo estas acciones en nuestro día a día. La visualización de aquello que para nosotros era imposible, ya es un primer paso decisivo para incorporar los no-haceres a nuestra vida.

He usado la palabra visualizar en lugar de imaginar porque aunque puede parecer semejante, hay una diferencia importante entre ellas. ¿Recuerdas cuando te explicaba la forma correcta de visualizar? Cuando imaginamos, estamos creando una imagen con nuestra mente. Al visualizar, aparte de crear la imagen y vernos experimentando lo que hemos creado, también estamos sintiéndolo. Es como si estuviéramos soñando. En un sueño sientes las emociones, es más, la mayoría de personas no son conscientes de que están soñando y viven intensamente las emociones derivadas de su sueño. Cuando visualizamos, podemos «sentir» los eventos tal como lo hacemos en la realidad ordinaria; podemos sentir como si estuviéramos viviendo de verdad todo lo que vemos.

Así que después de tomar las decisiones, visualiza tus no-haceres y sobre todo, ¡siéntelos!

Este es el último paso que se realiza dentro de la caja. Cuando termines todo este trabajo, apunta tanto las decisiones que has tomado como los no-haceres que has visualizado. Esta información va a ser necesaria para los últimos pasos.

6. VIVIR A PROPÓSITO

Ya has terminado el trabajo dentro de la caja y el próximo paso consiste en llevar a cabo los no-haceres de la recapitulación. En estos momentos, tu cuerpo energético está más fuerte y has sanado aquella promesa que llevaba tanto tiempo contigo. Ahora mismo has acabado con el trabajo de la recapitulación enfocado en la sanación y en el pasado. Ahora, vamos a trabajar en el presente y en tu vida.

La confianza y esa energía extra que posees ahora tienen que ser reforzados.

De alguna manera es como si hubiéramos creado un parche, pero esto tiene que pasar a consolidarse. Piensa que a nivel energético has tenido durante muchos años unos agujeros por donde estabas perdiendo energía. Debemos trabajar activamente en ellos para que no vuelvan a abrirse.

Con la recapitulación te has autosanado y ahora es momento de reforzar esta sanación, del mismo modo que muchos años atrás reforzaste las heridas. Cuando una herida fue creada, con nuestra forma de actuar basada en ella la estuvimos reforzando.

Para poder reforzar la sanación, debes llevar a cabo las acciones deliberadas que trabajaste con la visualización. Algunos de los no-haceres puede que no sean realizables. Por ejemplo, si durante tu recapitulación has abrazado o has pedido perdón a alguien que hace años que ya murió. Tienes que ver qué no-haceres puedes llevar a cabo y cuáles no. Por ejemplo, si durante la visualización le dijiste a un antiguo amor lo mucho que lo amabas en aquel momento pero en la actualidad esa persona está muy lejos de ti o ya no sientes aquello que trabajaste durante la visualización, no es necesario que lo lleves a cabo. En estos casos se llegó a una sanación visualizada y no hace falta que se refuerce en el día a día. Tú has conseguido este entendimiento con esa persona en tu corazón a través de tu recapitulación y esto, desde el punto de vista de la energía, es más que suficiente. En casos como este, donde la persona ya ha salido definitivamente de tu vida, lo correcto es realizar la sanación solo en tu propio corazón, que es al fin de cuentas donde habitan todas esas presencias significativas.

Tenemos que guiarnos por el sentido común a la hora de llevar a cabo nuestros no-haceres. Hay ciertas acciones que visualizaste que solo pueden llevarse a cabo en tu mente, como con las personas fallecidas o con otras personas con las que no es necesario ni conveniente. Pero sí hay otras acciones que puedes y debes llevar a cabo y estas son precisamente en las que vas a trabajar.

Volvamos al caso de Claudia. Vamos a mirar los no-haceres que ha visualizado y puede llevar a cabo en su presente. En su caso, no va a reemprender una comunicación con uno de aquellos novios pasados, ya que esta relación pertenece a una época que ya ha quedado atrás, pero sí va a ponerse en contacto con sus padres, amigos y seres queridos para expresarles los sentimientos que durante tanto tiempo han estado escondidos en su interior. Esta es la historia de Claudia y los hipotéticos no-haceres que ella va a llevar a cabo guiados por su recapitulación e historia personal. Con esto quiero decirte que la decisión de determinar y llevar a cabo los no-haceres es responsabilidad tuya y de nadie más. Únicamente tú puedes determinar qué es lo que quieres hacer y cómo lo vas a hacer.

De la misma forma que te dije que usases el sentido común a la hora de escoger los no-haceres, también debo advertirte de que debes ser exigente contigo mismo y no engañarte escogiendo aquellos más suaves y que no entrañan tanta dificultad a la hora de llevarlos a cabo. Recuerda que los no-haceres suponen un desafío y es a través del desafío cómo podrás lograr crecer en la dirección que deseas. Debes entender que llevar a cabo los no-haceres no implica intentar cambiar a nadie. Llevar a cabo todas esas acciones deliberadas son la expresión de tu libertad.

Te comento esto porque muchas personas, al llegar el momento de realizar los no-haceres, de forma inconsciente tratan de usar estas acciones para inducir a otros a responderles de una determinada forma. Por desgracia, este tipo de situaciones se dan cuando intervienen parejas o familiares. Muchas veces aceptamos el cambiar, esperando que este cambio también se vea reflejado en la forma de actuar de determinadas personas y que estas actúen de la forma más conveniente para nosotros y este es un gran error. Las acciones deliberadas que podamos llevar a cabo, representan un gesto de libertad y de sanación; estamos sanando nuestro cuerpo energético y reforzando las promesas de poder que hemos realizado con la recapitulación. Estás usando tu libertad, tienes que hacerlo sin esperar nada a cambio, sin esperar otra recompensa que sanar la herida de tu corazón y experimentar ese gran cambio en ti. No podemos usar la recapitulación para poder controlar o cambiar a los demás, porque atentamos de esta forma al más sagrado de los derechos, la libertad que tenemos cada uno de nosotros para hacer lo que queremos y recibir el efecto de nuestras acciones.

A estas alturas, ya tienes más que claro el principio de vibración. Cuando tú cambias, y más si es a un nivel tan profundo, tu vibración se eleva y esto se refleja a tu alrededor. Ya sabes que todo es energía y cuando nuestra vibración cambia, todo a nuestro alrededor cambia. Atraemos hacia nosotros personas y situaciones acordes a esta nueva vibración. Aparte de la relación energética que tenemos con nuestro entorno, cuando tú has trabajado en una herida que te ha acompañado durante mucho tiempo y finalmente la has sanado, simplemente verás el mundo con otros ojos. Cuando te hayas podido liberar de aquella pena que llevabas arrastrando; cuando te puedas despedir de aquellos sentimientos profundos que te han estado limitando, verás la vida de otra forma. Cuando puedas experimentar la felicidad y la libertad en estado puro, todo cambia.

Nuestro cambio nos proporciona nuevos ojos para observar todo lo que nos rodea.

7. EL ÚLTIMO PASO: LA CONTINUIDAD

Cuando has empezado a llevar a cabo todos los no-haceres que visualizaste para anclar en ti el cambio necesario para sanar aquella herida, podrás sentir que estás cerrando un círculo. Un círculo que se abrió el día que viviste una experiencia que te dañó profundamente; el día en que creaste una promesa, un comando energético que pasó a guiar tu vida. Ahora, después de tiempo y esfuerzo, es cuando el círculo se cierra. Seguramente, después de haber terminado con los no-haceres pensarás que todo ha terminado, que has cerrado el círculo y no hay más que trabajar. Pero no es así, ya que no has practicado los no-haceres el tiempo suficiente como para bajar la guardia. Recuerda cómo se forman las creencias, alto impacto emocional y REPETICIÓN.

Y ahora bien, ¿cuánto tiempo tendrás que estar trabajando en los no-haceres resultantes de tu recapitulación? Los no-haceres de tu recapitulación, simplemente desaparecerán cuando se conviertan en haceres. Cuando se conviertan en una parte normal de lo que tú eres y de cómo vives. Lo que empezó como un acto deliberado para reforzar una parte concreta de tu experiencia, pasará a formar parte integral de tu vida. Pasará a ser una parte normal, que no se tiene que hacer de forma premeditada, pasará a ser un HACER. Como nadie sabe con exactitud cuando sucederá esto, tenemos que proponernos practicarlos siempre, practicar indefinidamente los actos deliberados.

Cuando puedas hacer esto, cuando puedas practicar indefinidamente tus actos deliberados, descubrirás el arte de vivir a propósito. La continuidad es el secreto. Continuar aunque los no-haceres sean una parte normal de nuestras vidas, porque de esta forma nuevos no-haceres te estarán esperando, retándote para seguir creciendo como persona.

OTRAS COSAS A TENER EN CUENTA

A la hora de iniciar la recapitulación nos podemos ayudar con fotografías. Muchas veces vamos a recapitular épocas oscuras de nuestras vidas de los que no guardamos prácticamente recuerdos. Ya conoces la capacidad de nuestra mente para bloquear la información que pueda causarnos dolor.

En mi caso personal, cuando inicié mi trabajo de recapitulación, me di cuenta de que había toda una etapa oscura en mi vida. Tenía muy claro que había eventos significativos a recapitular anteriores a esa etapa, pero no recordaba casi nada de aquel periodo de mi vida. La recapitulación es un viaje en el tiempo y en el espacio. Empiezas recapitulando todo aquello que tienes detectado y poco a poco, cuando empiezas a transitar este camino y vas sanando, informaciones escondidas te son desveladas para que también puedas trabajar en ellas.

Imagínate a un niño de 10 años...vive un evento significativo en el que crea la promesa de que no sirve para nada o de que no merece ser amado. Esa información se bloquea y la vida sigue. Ese niño va creciendo, es un niño introvertido y aparentemente frío. Llega a la adolescencia, aquella etapa de transición donde ya no somos niños pero tampoco adultos. Inevitablemente llega la separación emocional de los padres y empiezan a aflorar todo tipo de inseguridades. Aquella promesa sigue en él, afectando toda su vida. Puede que le vayan mal los estudios, que se sienta solo y no merecedor...

No entiende por qué se siente tan inferior a los demás, no entiende el porqué aleja a la gente que se le acerca. La vida que tiene, basada en aquella promesa de peso que un día se hizo, es oscura. Ese niño crece y ya es un adulto, sigue sin entender su forma de sentir y de actuar, pero gracias a su madurez puede reconducir, en parte, muchas cosas.

Queda con personas que compartieron cosas en su adolescencia y prácticamente no recuerda nada de aquella época de su vida.

Todos tenemos épocas que parecen nubladas. Gracias a las fotografías que poseemos de aquellos tiempos podremos conectarnos con los sentimientos que experimentamos. Coge una fotografía de aquella época. Mira a los ojos de tu yo con 13 años. ¿Qué te transmite? ¿Cómo te sentías en aquel momento? Esta información está en nosotros, únicamente la tenemos que encontrar.

Normalmente, cuando empezamos con la recapitulación y vamos directos a aquellos momentos importantes y que podemos recordar, es como si estuviéramos haciendo una pequeña grieta en un dique. Poco a poco, a medida que vamos reviviendo y sanando, a medida que vamos escarbando, la grieta se va haciendo más y más grande, hasta que llega un momento en que el agua sale en gran cantidad.

Si sientes que te cuesta conectar con alguna parte de tu experiencia, usa una fotografía. Mírala antes de empezar con la recapitulación y conéctate con los sentimientos que tenías. Es un ejercicio emocional y energético, no mental. Permítete sentir, sin dejar que tu mente interfiera.

CUANDO LA RECAPITULACIÓN TERMINA...

Cuando termines de recapitular tu vida es conveniente cerrar este proceso con un ritual. Este ritual consiste en quemar la caja donde has estado recapitulando. De alguna forma, es como acabar con algo que ya has sanado. Determinar cuándo se acaba el proceso de recapitulación, no es fácil. No podemos recapitular todos los eventos de nuestra vida, sino solo los más significativos. Lo importante es llevar a cabo la recapitulación general de toda tu vida. Eso significa llegar a recapitular todos los asuntos principales relacionados con todas las personas importantes de tu vida.

Llegar al punto en el que dices que ya has acabado de recapitular, es siempre una decisión personal. La verdadera respuesta proviene del corazón, no de la mente.

Algunos pueblos indígenas creen que los pensamientos verdaderos provienen del corazón. Todo lo que podemos hacer es actuar lo mejor posible y preguntarle a nuestro corazón si está satisfecho. Si tu corazón se muestra satisfecho, tu tarea de recapitular habrá finalizado. La caja representa tu pasado y todo lo que has sido hasta el momento presente. Desarmarás la caja con atención; mientras lo haces, piensa en la vida que estás dejando atrás. Parte la madera en trozos pequeños que puedas quemar fácilmente.

Una vez delante del fuego, lanza uno a uno los trozos de madera. En el fuego se están quemando todas aquellas cosas que deben morir para poder renacer liberado.

NUESTRO DÍA A DÍA DURANTE EL PROCESO DE RECAPITULACIÓN

Durante el período de tiempo que estés recapitulando, notarás los efectos de esta actividad en tu vida. Como con todos los cambios, tendrás que irte adaptando a los nuevos. Los cambios generados por la recapitulación son generalmente positivos y entre los más preciados encontramos: el disponer de energía extra y la posibilidad de escoger de forma voluntaria la forma de responder ante los retos de nuestro día a día.

Cuando estamos iniciando el proceso de recapitulación, empieza una batalla en nuestro interior. Existe un impulso para cambiar y un impulso para quedarte como estás. Nuestro cuerpo energético está orientado al cambio, mientras que nuestro ego está orientado en mantenernos donde estamos y en reforzar toda la estructura de pensamientos y hábitos en el que está basado.

Ya conoces la misión de nuestra mente y que nuestro ego va a sentirse amenazado delante de los cambios que llevemos a cabo. No te sorprendas si esta parte de ti te sabotea, impidiéndote realizar la recapitulación o poniéndote freno ante cualquier cambio importante. Tenemos que identificar los sabotajes que provienen del ego. Puede ser que en el momento que te dispongas a recapitular, lo oigas decirte que estás muy cansado, te haga sentir preocupado o te dé excusas para que lo pospongas. Estas excusas que aparecen para que no te pongas a trabajar en tu pasado son resistencias. Este tipo de pensamientos aparecerán tarde o temprano, ya que nuestro ego tratará de llevarnos hacia aquellas viejas formas de vida, tan cómodas y conocidas por él. Es vital que no le prestemos atención porque la estrategia que mejor maneja el ego es el miedo. Es importante que busquemos actividades para acallar nuestra mente y poder reconectarnos con nosotros mismos.

Todas las actividades al aire libre serán muy beneficiosas para nosotros.

El contacto con la naturaleza siempre nos trae repercusiones positivas y la interacción con ella es beneficiosa para nuestro cuerpo energético. Dentro del gran abanico de posibilidades, podemos contemplar el hacer largas caminatas por el bosque en silencio, excursiones a montañas o colinas; observar la naturaleza en silencio, bañarnos en algún río, meditar, hacer taichi o escribir.

Si vives en una gran ciudad y te es difícil estar a menudo en contacto con la naturaleza, también puedes hacer cosas para neutralizar tu ego. Buscar actividades que te den placer y que tengan como único propósito el disfrute. Puedes salir a comer a aquel restaurante que tanto te gusta y que visitas muy de tanto en tanto, puedes rodearte de amigos y parientes con los que te guste conversar o hacer alguna actividad; puedes ir al gimnasio, pasear, ir al cine o a bailar, jugar con niños y sobre todo, recuerda la estrategia chamánica de ahorro energético: no criticar, no condenar y no quejarse.

RECAPITULAR EVENTOS AISLADOS

Imagina que ya has terminado con todo el proceso de recapitulación y vives un evento significativo en tu vida. Ya sabes la utilidad de la recapitulación para sanar el daño en el equilibrio interior o en recuperarlo cuando lo has perdido. La recapitulación siempre nos ayudará aunque el daño sea pequeño o la perdida sea reciente. De hecho, es mucho mejor recapitular un evento cuando empezamos a vivir el daño que este crea en nosotros, que esperar a tener una gran herida emocional y energética. Por lo tanto, el uso de la recapitulación para eventos aislados será eficaz aunque hayamos acabado con la recapitulación general de nuestra vida.

Cuando experimentemos alguna cosa que desequilibre nuestra energía, cuanto antes lo recapitulemos mejor. Si lo hacemos así, restableceremos fácilmente nuestro óptimo estado energético y equilibraremos la respuesta a los efectos externos de esa experiencia, evitando así la creación de nuevas heridas en nuestro cuerpo energético.

Ahora imagínate que ya has acabado con la recapitulación y tienes un gran disgusto o una pelea fuerte con algún pariente o persona importante para ti. Podría pasar que hirieras a esa persona o que tú te sintieras herido por ella. Si recapitulas este evento, primero te va a proporcionar una comprensión más profunda de la situación y segundo, esto hará que dejes de perder energía y que puedas sanar antes la situación con esta persona. Cuando esto suceda, ya no tendrás tu caja de recapitulación y sería una tontería que tuvieras que construir una cada vez que necesitaras trabajar en un evento significativo. Por lo tanto, puedes recapitular esta situación sin caja. Únicamente elige un lugar tranquilo y preferiblemente oscuro. Puedes sentarte en una silla con la espalda reclinada sobre el respaldo o sentarte en el suelo con la espalda apoyada en la pared.

¿Cómo proceder para recapitular un evento aislado?

Empieza practicando la respiración circular durante algunos minutos mientras viajas hacia el evento que necesita ser recapitulado. Mientras vas moviendo la cabeza, al principio de forma lenta y después aumentando progresivamente la velocidad, observas el evento.

Ves la situación y las personas implicadas en ella pasando rápidamente. Continúa con la respiración circular y la visión del evento hasta que logres sentir una conexión con él.

Una vez tengas la conexión con el evento, detén la respiración circular y empieza con los pasos de la recapitulación. Observa el evento desde fuera, vívelo, vuelve a verlo desde fuera mientras sanas a través de la respiración y finalmente, toma decisiones enfocadas en los no-haceres. Cuando termines con la recapitulación, continúa con los no-haceres y favorece la continuidad.

TÉCNICAS RESPIRATORIAS

En este apartado vamos a ver todas las técnicas respiratorias de forma detallada, implicadas en la restauración energética. Encontramos las dos respiraciones principales, que usaremos para recuperar nuestra energía o para desprendernos de energía ajena, dependiendo del caso.

Respiración 1 o de inhalación

Utilización: La respiración de inhalación se usa justo al inicio, cuando entramos en la caja y para recuperar energía si el evento que recapitulamos lo requiere.

Tiempo: El necesario hasta llegar a lo que precisamos.

Finalidad: Cuando la usamos al inicio de la recapitulación, esta respiración nos lleva al adecuado grado de concentración para iniciar la práctica. La usamos también dentro del proceso de recapitular, concretamente en la fase donde recobramos la energía perdida o cuando recuperamos una cualidad de nuestro ser que un día perdimos, como por ejemplo: la confianza, la alegría, la capacidad de amar sin miedo, etc.

Procedimiento: Comenzamos esta respiración mirando al frente y vaciando nuestros pulmones de aire. Enseguida, sin coger aire, giramos la cabeza hacia la derecha. Después giramos la cabeza hacia la izquierda y durante el movimiento vamos cogiendo aire de manera lenta, llegando al final del movimiento con los pulmones llenos. Reteniendo el aire, vuelves a colocarte mirando al frente. Cuando vuelves a estar mirando hacia adelante exhalas todo el aire y ya vuelves a estar como al principio.

Y otra vez, desde la exhalación, colocas la cabeza hacia la derecha y mientras la llevas hacia la izquierda, coges aire, aguantas el aire, colocas tu cabeza mirando al frente y exhalas.

Respiración 2 o de exhalación

La segunda respiración es conocida como respiración de exhalación, ya que tiene su énfasis en la expulsión de aire.

Uso: Se utiliza únicamente durante la fase de restauración energética.

Finalidad: Esta respiración tiene diversas finalidades. La utilizamos para desprendernos de energía ajena que alguien dejó impregnada en nosotros (ex-parejas, padres, etc) y que nos sigue afectando en forma de pensamientos recurrentes, adicciones emocionales o «necesidad» de experimentar un tipo de emociones concretas, conductas y hábitos que no son propiamente nuestros. También la utilizamos para romper promesas internas u órdenes energéticas que no nos dejan ser totalmente libres. La usamos también para desprendernos de conductas o rutinas emocionales (miedos, rencores...) y para poder despedirnos de personas que ya se fueron pero cuya partida aún no hemos aceptado. Por lo tanto, esta es una respiración para soltar, para dejar ir. Fíjate que se trata de exhalar, se trata de soltar, de expulsar. En cambio en la respiración 1 o de inhalación, se trata de traer hacia ti, inhalar, recuperar algo que está fuera de ti.

Tiempo: El necesario según tu sentimiento.

Procedimiento: Igual que en la respiración 1, empiezas mirando al frente, pero esta vez inhalando profundamente. Con los pulmones llenos de aire, giras la cabeza hacia la izquierda. Después vas girando la cabeza hacia la derecha mientras sueltas todo el aire lentamente. Coordina el movimiento con tu respiración, de modo que cuando tu cabeza llegue al hombro derecho hayas vaciado por completo tus pulmones. Ahora, ya sin aire en los pulmones, vuelves a la posición inicial, mirando al frente y vuelves a iniciar el recorrido, inhalando de nuevo y volviendo a empezar.

Por lo tanto: delante, inhalas, giro hacia la izquierda. De izquierda a derecha exhalas y sin aire vuelves a la posición inicial.

Resumiendo:

Respiración 1 de derecha a izquierda e inhalando. Llevando hacia adentro, recuperando energía.

Respiración 2 de izquierda a derecha, exhalando. Soltando lo que no es nuestro, rompiendo promesas internas.

Respiración 3 o de barrido

Esta es la respiración conocida como «de barrido» porque une las dos técnicas anteriores. También es conocida como «respiración de emergencia», ya que es utilizada cuando necesitamos una restauración y no sabemos cuál de las dos técnicas anteriores es la más adecuada en este momento.

Uso: La utilizamos en la fase de restauración energética, sustituyendo esta a la respiración 1 o la respiración 2. La podemos usar por ejemplo, cuando recapitulamos una situación donde perdimos una gran cantidad de energía (respiración 1) pero a la vez creamos una promesa interna que necesitamos soltar (respiración 2). Como en este caso necesitamos recuperar (inhalar) y soltar (exhalar) a la vez, usaremos la respiración de barrido.

Finalidad: Su fin coincide con el de las dos respiraciones anteriores. Recuperar energía perdida y soltar energía ajena o romper una promesa interna.

Tiempo: El necesario de acuerdo con tu propio sentir.

Procedimiento: Esta vez empezamos con la cabeza girada hacia el lado derecho y sin aire en los pulmones. Llevamos la cabeza hacia el lado izquierdo mientras llenamos de aire nuestros pulmones, para después exhalar mientras llevamos nuestra cabeza hacia el lado derecho de nuevo y así sucesivamente. Por lo tanto: de derecha a izquierda inhalando y volviendo de izquierda a derecha exhalando.

Puedes usar la respiración de barrido o dentro de la recapitulación, usar la respiración 1 cuando estés recuperando tu energía y después pasar a la respiración 2 cuando estés trabajando sobre una promesa o estés soltando alguna energía que aún permanece en ti.

Respiración 4 o respiración circular

Uso: La utilizamos al inicio de la recapitulación de un evento o serie de eventos, en sesiones de recapitulación aisladas en las que no se usa la caja. Es para cuando después de haber terminado la recapitulación general de nuestra vida vivimos un evento puntual que queremos recapitular, como te explicaba hace un momento.

Finalidad: La usamos para llegar a un nivel profundo de concentración y conectar con nuestro cuerpo energético, cuando no usamos la caja de recapitulación.

Tiempo: Lo necesario, pero es importante no excederse en la duración, ya que este tipo de respiración realizada durante mucho rato puede producir mareos.

Procedimiento: Realizamos la respiración mientras movemos la cabeza de manera circular. Comenzamos con la cabeza volteada hacia el hombro derecho. Desde este punto, empezamos un movimiento circular hacia arriba para llevar al hombro izquierdo, mientras inhalamos lentamente por la nariz. Cuando llegamos al hombro izquierdo, sin detenernos, seguimos girando hacia abajo hasta llegar de nuevo al hombro derecho mientras exhalamos lentamente por la boca. Resumiendo: derecha, arriba izquierda inhalando por la nariz e izquierda, abajo derecha exhalando por la boca.

Esta es la única técnica respiratoria para recapitular que incluye la respiración por la boca. Los otras 3 respiraciones son exclusivamente realizadas por la nariz. En esta respiración, al exhalar es como si fuera un suave soplido, como si estuviéramos hinchando un globo.

Comenzaremos con movimientos suaves, pero a medida que vayamos avanzando, aumentaremos un poco su velocidad. Lo recomendable es practicar esta técnica de 2 a 4 minutos máximo.

CREANDO NUESTRO PROGRAMA DE RECAPITULACIÓN

Es importante contar con un plan para recapitular. Tenemos que planificarnos bien para poder llevar a cabo esta práctica. Una vez tengamos en plan hecho podremos decidir mejor cómo organizar nuestra lista de eventos a trabajar.

Se recomiendan unas condiciones especiales para llevar a cabo la recapitulación, pero si no las puedes cumplir, no creas que no puedes recapitular. Yo te cuento cuáles son las mejores condiciones, pero siempre puedes adaptarlas a tus posibilidades o necesidades. Lo importante aquí es que recapitules. En realidad, es poco frecuente que todas las personas lleguen a poseen todos los requisitos ideales que te mencionaré. Vamos a verlos:

Tranquilidad y soledad son los requisitos primordiales para llevar a cabo la recapitulación. Tu recapitulación sería prácticamente imposible si hubiese mucho ruido exterior o si alguien interrumpiera tu trabajo.

Una casa, una cabaña, un sótano, un piso pueden servir para llevar a cabo el trabajo. Es muy importante no recapitular a cielo abierto.

Si se puede elegir, las montañas y colinas son mejores que las regiones llanas. Si vives en la costa, cerca del mar, la energía del agua es fuerte y puede resultar más difícil recapitular. Se hacen cursos intensivos de recapitulación donde se va a la montaña y puedes también disfrutar de la energía de los árboles.

La mejor hora para recapitular es mientras las otras personas están durmiendo.

Es importante asignar un lugar a la caja de recapitulación y no moverla. Pero si por ejemplo te vas de vacaciones y decides iniciar o continuar la recapitulación, puedes llevártela.

Y ahora bien, la gran pregunta: ¿Cuánto tiempo? ¿Cuántos días? ¿Cuántas horas por sesión? ¿Cuánto tiempo vas a dedicar a todo el proceso? Bien, la respuesta no es fácil y no es la misma para todos. Vamos a ver los factores significativos que hay. Algunos factores están relacionados con la persona, por ejemplo: la edad que tiene y el número de eventos significativos a recapitular. No es lo mismo que empiece a recapitular una persona de 20 años que una de 50. De la misma forma que no es lo mismo la recapitulación de una persona que tiene pocos eventos significativos a recapitular que una persona que haya vivido una vida dura y llena de conflictos.

Pero lo que más afectará al tiempo de todo el proceso será la frecuencia y la duración de las sesiones. No hay una regla fija de cómo proceder con la recapitulación, esto dependerá de cada persona, dependiendo de sus preferencias y del tiempo que disponga para llevarla a cabo.

Pero, a la hora de crear tu plan, debes tener algunas cosas en cuenta, como:

Mayor intensidad, mayores resultados: es más efectivo dedicar 80 horas en 15 noches consecutivas que dedicar 120 horas en seis meses. Esto tiene una explicación: una vez tu cuerpo energético empieza a recapitular, el proceso de recordar a nivel corporal y energético estará aún fresco, a medida que vayas entrando en los diferentes eventos. Me explico, cuando lo haces de forma seguida, tu cuerpo está ya entrenado para realizar la recapitulación. Por lo tanto, te será mucho más fácil de realizar. Es como si fuéramos al gimnasio. Los resultados serán más evidentes si te estás ejercitando cada día por un por periodo de tiempo, que no dos días a la semana durante un año.

Si empiezas un día y tienes muchas agujetas y hasta al cabo de tres días no vuelves a ir, las agujetas habrán desparecido y volverás a experimentarlas el segundo día. En cambio, si llevas unos cuantos días seguidos, sufrirás las molestias de las agujetas pero llegará un día que ya no las tendrás. ¿Me explico? De la misma forma, si haces una recapitulación de dos horas un día y dejas pasar muchos días hasta la siguiente, tu cuerpo necesitará algún tiempo al principio de cada sesión para «calentar motores». Cuanto más frecuentemente recapitules, de manera más fácil vas a entrar en todo el proceso.

Otro aspecto importante es que cuando recapitulas con frecuencia, esta se convierte en la cosa más importante de este periodo de tu vida. De esta forma, adquieres un fuerte compromiso con la tarea de recapitulación y el compromiso ayuda a mejorar los resultados. Sin embargo, si recapitulas muy de tanto en tanto, el peso de las actividades diarias va a interferir en el proceso y va a disminuir la eficacia del mismo. Hay personas que aprovechan sus vacaciones y destinan diez días para llevar a cabo toda la recapitulación de su vida. Otras personas van a talleres intensivos de recapitulación con otras personas y trabajan de forma intensa durante 10 o 14 días.

Entiendo perfectamente que puede parecer un horario y frecuencia muy duros, pero hay quien prefiere hacerlo de esta forma y hay quien prefiere hacerlo más largo en el tiempo. Cada uno de nosotros funcionamos de manera distinta. Habrá gente que querrá hacerlo lo antes posible y con el menor tiempo y habrá personas que querrán ir haciendo aunque se demoren en el tiempo. Todas las opciones son correctas, lo importante es hacerlo.

Se pueden llevar a cabo recapitulaciones intensivas acudiendo a algún taller destinado a ello o por ejemplo, si dispones de un mes de vacaciones, puedes destinar 10 o 12 días y hacerlo también. Si te inclinas por hacerlo de forma intensiva, es recomendable que recapitules por épocas: vejez, edad adulta, juventud, adolescencia y niñez. Hay personas que destinan tres noches seguidas a la semana. De esta forma podrías recapitular a una persona importante en cada lapso de tres noches. Y si no hay mucho para recapitular con personas concretas, puedes hacer dos o más por sesión.

Hay quienes optan por hacer una recapitulación intensiva de fin de semana. De esta forma se recapitula tanto de día como de noche, aprovechando al máximo los dos días. Haciéndolo de esta manera es más recomendable trabajar con personas o con temas específicos, en lugar de trabajar con épocas, ya que son más extensas.

También puedes realizar de dos a tres sesiones semanales, con una duración de dos a tres horas por sesión. Es evidente que si se opta por este tipo de programa nos llevará más tiempo hasta que lleguemos al final de toda la recapitulación, pero igualmente funciona, que es lo importante.

Como puedes ver, el programa de recapitulación es totalmente personal y puede organizarse de varias maneras. Los ejemplos que he puesto son solo ideas. Tú tienes que buscar cuál es la mejor forma para ti.

CREAR LA LISTA FINAL

Una vez hayas decidido tu programa (cómo lo vas a hacer), es importante organizar de la forma más adecuada la lista de eventos. En principio, ya debes de tener hecha tu primera lista para recapitular. Cogemos esta lista y vamos a organizarla de la siguiente forma, siguiendo tres pasos:

Paso 1: Coge la lista y selecciona las relaciones y eventos más importantes, creando con ellos una nueva lista. Esta será la lista para trabajar en la caja. Será una lista más corta que contendrá los eventos significativos y las relaciones más importantes que has vivido y que definieron tu vida en relación a ese área en concreto o a una relación específica.

Puede que te estés preguntando: ¿y por qué anotarlo todo si al final nos quedamos solo con lo más importante? Déjame que te cuente una cosa: Todo ese trabajo inicial tan detallado y exhaustivo, es la clave para poder recordar cada vez con más detalle y conectar con eventos importantes que podríamos haber olvidado. Al final, cuando empiezas con el proceso de recapitular, no son tan importantes los pequeños eventos intrascendentes que anotamos en la lista, ya que sería un trabajo interminable y tampoco necesario. Pero todo este esfuerzo no ha sido en vano, ya que todo este trabajo que has realizado al confeccionar tu lista, trae luz a muchas situaciones pasadas y te da valiosos momentos de consciencia acerca de lo que has vivido. Lo importante es que tengas resultados de forma rápida, para poder disfrutar cuanto antes, de la nueva forma de vivir que te dará el proceso de recapitular.

Voy a hablarte también de lo que son eventos aislados o series de eventos. Cuando empezamos a recapitular, lo normal es que estos eventos no tengan el carácter de eventos aislados, ya que normalmente están relacionados a otros de la misma época. Si así lo sientes, puedes agrupar todos estos eventos relacionados y recapitularlos todos a la vez.

Paso 2: Una vez has seleccionado los eventos más importantes, vas a organizarlos. Debes decidir si vas a estructurar tu recapitulación considerando:

- Épocas de tu vida (madurez, juventud, adolescencia, infancia).
- Relaciones (familiares, parejas, amigos...).
- Áreas de tu vida (trabajo, hogar, instituto, escuela...).

Recuerda que una vez hayas decidido el plan, cuando hayas establecido la frecuencia que le vas a dar a la recapitulación (intensivo, fines de semana, sesiones semanales...), te será mucho más fácil encontrar la forma de organizar tu lista.

Una vez hayas decidido cómo organizar tu lista, debes ver con qué empezar primero. Si por ejemplo vas a trabajar con una lista distribuida en épocas, te recomiendo que empieces por la época más actual y vayas retrocediendo en el tiempo. Si vas a recapitular con una lista de relaciones y empiezas por ejemplo con tu padre, comienza también por los eventos significativos más cercanos a ti en el tiempo y vas retrocediendo en él. Organiza bien tu lista, sabiendo claramente por quién o qué vas a empezar.

Paso 3: En este paso vas a distribuir todos los eventos que vas a recapitular entre todas las sesiones que tienes pensadas realizar. La idea es que todas las sesiones tengan el mismo número de eventos a recapitular, aunque puede variar a la hora de recapitularlos, porque en algunos eventos vas a necesitar más tiempo que en otros. Pero aún y así, tenerlos distribuidos te evitará tener pocos eventos en los primeros días y demasiados en otros. Sobre todo la distribución nos sirve para cuando queremos llevar a cabo una recapitulación intensiva en por ejemplo 14 días. Es importante tener bien distribuidos los eventos para que cuando lleguemos a los últimos días no tengamos más de los que tendríamos que tener.

Un dato que te puede servir para que puedas organizarte mejor es el tiempo aproximado que se necesita para trabajar un evento. El tiempo promedio para recapitular un evento o serie de eventos va de los 10 a 30 minutos, aunque en la mayoría de los casos se puede hacer en 10-15 minutos. Hay que apuntar, no obstante, que cada persona y circunstancia son diferentes, por lo que los tiempos siempre son relativos. Una vez hayas empezado, tú mismo podrás organizarte mejor, ya que podrás observar el tiempo aproximado que necesitas para cada evento.

DISTRACCIONES QUE PUEDEN SURGIR DURANTE EL PROCESO

Muchas veces sucede que mientras estamos recapitulando, un pensamiento o evento distinto atrae nuestra atención. A veces no sabemos si es correcto no darle importancia y seguir con el evento con el que estamos trabajando o si es mejor dejar lo que estamos haciendo y prestar atención a lo que nos ha llegado. En este caso, estamos ante una situación que no tiene una única respuesta, ya que a veces será mejor obviarlo y a veces será mejor trabajar en lo que nos ha llegado.

Tenemos que fijarnos si el nuevo evento que ha aparecido tiene que ver con nuestro cuerpo energético, mostrándonos la necesidad de este en que lo trabajemos o si proviene de nuestra mente. Si es una petición auténtica de nuestro cuerpo energético, lo correcto es dejar lo que estábamos recapitulando y meternos con el nuevo evento. Pero si lo que nos llega de forma inesperada es un truco de nuestro ego para distraernos, o es un fallo nuestro a la hora de poder mantener la concentración en lo que estamos viendo, en este caso lo mejor es volver a enfocarnos en el evento que estábamos trabajando y seguir con él.

A veces es difícil determinar el origen del nuevo evento que ha aparecido. La respuesta no es fácil. Así que lo más recomendable es que confíes en tu sentir, que escuches lo que tu alma te dice. Deja a tu mente hablar y escucha a tu corazón.

Es importante aclarar que todo el proceso de recapitulación entraña varias fases.

La primera fase es muy formal y práctica. Cuando creas tu lista, la organizas, te planificas es un procedimiento relativamente fácil y práctico. Pero, una vez entras en la caja y empieza tu recapitulación propiamente, las cosas cambian.

Una vez dentro de la caja es nuestro cuerpo quien lleva a cabo la recapitulación, mientras nosotros «intentamos» dirigirlo. Lo importante a entender es que durante el proceso es nuestro cuerpo energético el que manda y nosotros tenemos que rendirnos a sus necesidades. Para nuestro cuerpo energético, su más valiosa meta es llegar a la sanación, recuperar lo que le falta para volver a estar completo. Este nos guiará para poder sanar todos aquellos agujeros energéticos que la vida ha creado en él.

Debemos aprender a confiar en lo que nos muestra nuestro cuerpo energético, sin llegarnos a bloquear a nivel mental. Como todo, el secreto está en el equilibrio. Debemos aprender a equilibrar la confianza que damos a nuestro cuerpo energético con la organización seria de nuestro estado normal de consciencia. Para que me entiendas: tan erróneo es ser muy rígido como demasiado espontáneo.

GRADOS DE PROFUNDIDAD DURANTE EL PROCESO

La recapitulación, tanto si es superficial como profunda, tendrá efectos positivos en nosotros. Durante el proceso podemos oscilar entre un estado de consciencia muy profundo, reviviendo intensamente los eventos y experimentando un flujo de sentimientos reprimidos, hasta un estado similar a cuando recordamos en la vida diaria.

Esto nos puede llevar a pensar que solo son útiles los momentos en que hemos llegado a un estado profundo de consciencia, reviviendo intensamente el evento mientras que los otros no son importantes; pero esto no es así. Aunque recapitulemos un evento de manera más «superficial» su valor es el mismo.

Muchas veces, si no se llega a un estado de profundidad, nuestra mente empieza a asaltarnos con preguntas del tipo: ¿Estoy verdaderamente recapitulando? ¿Lo hago bien o solo estoy recordando? Es lo que hace un momento te explicaba. Es importante que lleguemos a un equilibrio entre nuestro estado de consciencia y el trabajo que lleva a cabo nuestro cuerpo energético, ya que los recuerdos «ordinarios» también tienen que formar parte del proceso de la recapitulación.

Imagínate una cuerda tensa en la que encontramos en un lado las memorias ordinarias más superficiales y en el otro extremo, las memorias corporales más profundas. Cuando empezamos con la recapitulación, nos ubicamos siempre en algún punto de esta cuerda, aunque no sea posible determinar en un momento dado en qué punto nos encontramos. El proceso de la recapitulación es parecido al sueño. En los dos casos existe una fina línea que separa la consciencia del sueño y la consciencia del estar despierto. En el sueño, existen muchas posibilidades en la línea entre el sueño profundo y el estar despierto. Cuando soñamos hacemos un viaje desde los estados más superficiales de sueño hasta el sueño profundo, que es cuando realmente estamos soñando. De hecho, los sueños pueden ser más o menos profundos dependiendo de la frecuencia en la que estamos cuando los tenemos.

Cuando dormimos, entramos y salimos de estados muy profundos a estados más superficiales. Y lo mismo que durante el sueño, sucede con la recapitulación. Nos vamos moviendo por la cuerda hacia el lado más superficial o hacia el lado más profundo. Nuestra consciencia fluctúa desde momentos profundos hasta la memoria ordinaria.

No te preocupes si al estar recapitulando estás en un estado cercano a la memoria ordinaria; lo importante es que te centres y que hagas lo mismo que cuando experimentes momentos de gran profundidad. No te preocupes en exceso para determinar cuál es tu grado de profundidad, ya que tu mente estará demasiado presente.

Claro que es muy bueno trabajar a niveles profundos, pero esa profundidad no se puede mantener siempre. Resumiendo, no hay razones para rechazar los momentos cercanos a las memorias ordinarias, ya que debes usarlas también como parte de tu recapitulación.

OTRAS PREGUNTAS FRECUENTES

Voy a intentar responder a las dudas más frecuentes relacionadas con la recapitulación.

Vamos a ver las preguntas:

¿Es bueno hablar con los demás de nuestra recapitulación?

Normalmente la respuesta a esta pregunta es negativa, salvo en un par de excepciones. La razón de que no sea adecuado hablar con la gente sobre tu recapitulación personal es que de alguna forma, estás invitándoles a que pongan atención y opinen sobre algo que es íntegramente tuyo, y muchas veces esto supone una interferencia en este trabajo.

Para empezar, no es fácil hacer comprender a todo el mundo el hecho de que te encierres en una caja para revivir y sanar tu pasado, y por otro lado, es algo quizás demasiado complicado para hacerlo entender a una mente racional.

Sin embargo, hay algunos casos en que es apropiado hablar de ello con otras personas. El primer caso es cuando hablas con personas que figuran en tu lista, siempre que eso no pueda crear un problema emocional en ti o en la otra persona y para establecer una conexión más profunda; pero no hablando directamente sobre el tema que has recapitulado. El segundo caso es cuando recapitulas con más personas. Siempre y cuando haya personas que han decidido recapitular juntas, es bueno que hablen entre sí de sus experiencias.

¿Qué pasa si recordamos más eventos una vez finalizada la lista?

Esta es algo muy habitual. Una vez empezamos a recapitular, es como si se abriera una puerta que había permanecido muchos años cerrada y empezamos a recordar cosas que teníamos totalmente olvidadas. Si es este tu caso, incorpora los nuevos eventos a tu lista para poder trabajar en ellos. Si este nuevo evento aparece mientras estas recapitulando otros, decide sobre si es verdaderamente importante. En este caso, deja lo que estabas haciendo y ponte de inmediato con él.

¿Qué es lo que estoy haciendo mal?

«Intento hacer la recapitulación siguiendo los pasos, pero no llego a concentrarme para poder revivir los eventos significativos y por consiguiente, no tengo la sensación de que haya recapitulado». Este sentir es habitual durante los primeros días de práctica.

Debes estar preparado y no rendirte. Muchas personas experimentan estas situaciones y aunque sigan, continúan con la sensación de no haber logrado hacer una auténtica recapitulación. Al principio a veces no se hacen bien todos los pasos.

Tenemos resistencias a llevar a cabo pasos como el de revivir el evento o la toma de decisiones y esto crea la idea de que no se ha hecho bien el proceso. Todas esas inquietudes son normales al principio del proceso y más cuando haces la recapitulación por tu cuenta. Pero si continúas y perseveras, verás que llegará un momento, a veces cuando menos lo esperes, en que sentirás que la verdadera recapitulación se ha puesto en marcha. Mi consejo es que sigas.

Cuando tu mente vea que no haces caso a las resistencias que ella te brinda, se relajará. Cuando llegues a este punto podrás experimentar el poder de la recapitulación. No te rindas entonces, si en los primeros momentos no consigues tener los resultados que esperabas. Esto es normal. Piensa que es un entrenamiento y sigue adelante.

¿Se puede cambiar el orden de los pasos de la recapitulación?

Es importante que cuando empiezas a recapitular sigas el orden establecido. Recuerda que es como un entrenamiento y aunque algunos te parezcan raros, hazlos. Cuando los puedes hacer todos, estas trabajando directamente sobre las resistencias de tu ego y en el control de tu mente racional. Lo importante es que durante el tiempo necesario para que tu cuerpo aprenda a recordar, sigas los pasos establecidos.

Una vez el verdadero proceso de recapitulación se haya desencadenado, observarás que eres capaz de ir de un paso a otro de una manera más fácil y natural. Cuanta más práctica tengas, verás que por ejemplo el paso de la toma de decisiones pasa a ser un paso más energético que verbal. Nuestro cuerpo ya está acostumbrado al movimiento de energía y actuamos más como un comando energético que como una declaración verbal. Resumiendo: la recapitulación es revivir, sanar y fortalecer la sanación.

Después de todo lo que has leído, ya has tomado consciencia de lo tremendamente importante que es trabajar en nuestro pasado. ¡Hay tantas promesas internas que interfieren en nuestra felicidad, tantos comandos energéticos que nos impiden hacer todas aquellas cosas que deseamos...! Cuando empezamos a recapitular, aparte de sentirnos llenos de esa energía que fuimos perdiendo en diferentes escenarios de nuestra vida, también ganamos consciencia y empezamos a comprender muchas de las formas que teníamos de actuar. Gracias a este proceso, podemos arrojar luz a partes oscuras, a callejones sin salida. Podemos comprender el porqué actuábamos como actuábamos, el porqué nos bloqueábamos delante de algún tipo de situación o el porqué huíamos temerosos de algunas vivencias.

Cómo te conté, toda esta información ligada a eventos pasados importantes, siempre viaja con nosotros. Nos limita y puede llegar a crearnos enfermedades. Estos polizones que llevamos a nivel inconsciente, están detrás de lo que decidimos, de lo que hacemos y de lo que no somos capaces de hacer. Imagínate que creamos un comando energético, este se aloja en nuestro subconsciente y nos afecta sin que tengamos consciencia de ello. A partir de este comando energético generado por un evento significativo, se establece una rutina o hacer que continuamos teniendo en el presente.

Voy a mostrarte varios ejemplos, para que te ayuden en tu trabajo de recapitulación, a la hora de determinar cuáles podrían ser tus promesas internas, qué decisiones podrías tomar y cuáles serían los no-haceres correspondientes a esa promesa interna.

En estos ejemplos veremos: el evento, la orden energética, el hacer, la toma de decisiones y los no-haceres.

Ejemplo 1

Evento: Fuiste violentamente rechazado cuando querías mostrar el cariño que sentías.

Orden: «Jamás mostraré mis sentimientos a los demás».

Hacer: No decir nunca «te quiero» aunque lo sientas. No mostrar tu enfado ni tu tristeza. Esconderte detrás de una aparente fortaleza, simulando que no necesitas a nadie.

Decisiones: «A partir de hoy expresaré lo que siento a la gente que quiero. Dejo atrás el miedo de sufrir un desengaño».

No-hacer: Confiesa tus sentimientos a tus padres, hermanos, amigos y seres queridos. Acostúmbrate a mostrar lo que sientes.

Ejemplo 2

Evento: Un padre muy frío que no te mostró afecto alguno.

Orden: «Yo tampoco te querré. Te odió».

Hacer: Relación fría y distante con el padre.

Decisiones: «Reconozco que te quiero, sin esperar nada a cambio».

No-hacer: Acércate a tu padre. Abrázalo y dale muestras de cariño, sin esperar recompensa por ello.

Ejemplo 3

Evento: El gran amor de tu vida te dejó por otra (u otro). Este sentimiento de pérdida te ha acompañado durante toda tu vida.

Orden: «No confiaré en los hombres (o en las mujeres) nunca más».

Hacer: Has perdido la confianza en los demás. No eres capaz de entregarte cuando intimas con una persona. No eres capaz de abrirle el corazón a la persona que amas.

Decisiones: «Te doy las gracias por el amor que me diste. Acepto que me dejaras. Veré en cada hombre (mujer) que conozca a un nuevo ser humano. Te dejo ir. Cuando llegue el momento me dejaré llevar por el amor y la confianza».

No-hacer: Correr el riesgo de amar a otra persona y de confiar en ella.

Ejemplo 4

Evento: Tu padre solía maltratarte. Era frío y violento. Tienes recuerdos de agresiones físicas.

Orden: «Te odio. Procuraré ser duro con los demás para que no vean mi flaqueza y no puedan hacerme daño».

Hacer: Eres agresivo con los demás. Chillas y pegas a tus hijos. Eres despótico y distante.

Decisiones: «Te perdono padre, no porque lo que hiciste fuera correcto, sino por mi propio bien. Me despojo de todo el rencor que albergo hacia ti. A partir de hoy querré y cuidaré a mis hijos de la forma que me hubiera gustado ser querido y cuidado por ti».

No-hacer: Juega con tus hijos y sé tierno con ellos. Diles lo mucho que los quieres y que vas a estar siempre a su lado para ayudarlos y protegerlos.

Ejemplo 5

Evento: Te sorprendieron robando dinero a un pariente.

Orden: «No soy digno de confianza».

Hacer: Tus acciones desvanecieron la confianza que los otros tenían en ti.

Decisiones: «Me desprenderé de la promesa de no ser digno de confianza y haré honor a la confianza que otros depositen en mí»

No-hacer: Sé totalmente honesto. Confiesa todas las mentiras que dijiste, así te ganarás el premio de ser digno de confianza.

Ejemplo 6

Evento: No eras un niño fuerte físicamente, los deportes no eran lo tuyo y los demás niños se burlaban de ti. Nunca recibiste el apoyo de tus padres.

Orden: «Soy un perdedor, no sirvo para nada, nunca seré tan bueno como los otros. Me retraeré y así no les daré la oportunidad de que comprueben lo débil que soy».

Hacer: Eres vergonzoso y desconfiado cuando tratas con alguien del sexo opuesto. Actúas como si no fueses digno de ser amado y tienes miedo de iniciar nuevos proyectos.

Decisiones: «Me acepto tal y como soy, sin compararme con los demás. Estoy fuerte y lleno de vida. Puedo hacer lo que quiera, corriendo el riesgo de ganar o perder. Sea cual sea el resultado, estaré feliz, porque el miedo ya no me paraliza».

No-hacer: Muéstrate confiado (o confiada) cuando te acerques a alguien del sexo opuesto. Dedícate a nuevas actividades, empieza a hacer cosas que hasta el momento habías estado aplazando. Practica deporte para divertirte, no para competir.

Ejemplo 7

Evento: A tu madre nunca le parecía bien lo que hacías. Era una mujer muy perfeccionista y nunca llegaste a complacerla.

Orden: «Haga lo que haga nunca será suficiente. No soy lo suficientemente bueno (o buena)».

Hacer: Siempre encuentras errores en lo que hacen los demás. Eres perfeccionista y autoexigente y exigente con los demás. Nunca te relajas, nunca se te ve feliz a causa de tu neurótico perfeccionismo. No te perdonas un fallo o un despiste. Siempre tienes que demostrar lo bueno (o buena) que eres a los demás.

Decisiones: «Dejaré a un lado mi obsesión de ser perfecto (o perfecta). Me calmaré y haré lo que haga por el mero gusto de hacerlo. Me permito equivocarme y despistarme. Dejaré de exigir a los demás que hagan las cosas de la forma que yo creo más adecuada.

No-hacer: Equivócate a propósito delante de los demás. Muéstrate despistado de vez en cuando. Practica la tolerancia y muéstrate amable cuando alguien cometa un error.

Ejemplo 8

Evento: Tus padres te lo dieron todo, menos cariño. Tenías de todo pero te sentías solo.

Orden: «Si ellos no me necesitan, yo tampoco a ellos. La persona más importante para mi seré yo mismo. No necesito a nadie. Todo el mundo será menos que yo».

Hacer: Estás orgulloso de todo lo que tienes. Juzgas a las personas en base a lo que poseen. Eres muy superficial en tus actos y en las relaciones con los demás. Procuras que los demás crean que estás feliz cuando estás profundamente dolido y triste.

Te muestras frío, distante y arrogante.

Decisiones: «Dejaré de juzgar a las personas por su éxito material. Aprenderé a valorar las cualidades no materiales de mis conocidos, familiares y amigos. Valoraré a las personas por lo que son, no por lo que tienen. Mostraré mis sentimientos y querré a los demás como me gustaría ser querido».

No-hacer: Vive con sencillez. Realiza trabajos sociales de ayuda a las personas necesitadas sin esperar recompensa material alguna.

Estos son algunos ejemplos de cómo nuestras promesas internas nos guían por completo. Hace falta coraje para destapar y trabajar sobre algunos eventos significativos. Lo que más miedo nos da es perder nuestra identidad, una identidad forjada por las experiencias que hemos vivido, pero este miedo es creado por nuestro ego, ya que él necesita sobrevivir. Te animo a que trabajes en tu interior porque simplemente habrá un antes y un después.

¿Y AHORA QUÉ?

Siempre termino mis libros diciendo lo mismo... Si ya estás acostumbrado a leer obras de crecimiento personal, ya sabes que muchas veces únicamente hablando de un tema en concreto se produce un click en nuestro interior, simplemente tomas consciencia sobre alguna cosa concreta.

Mi propósito con mis libros es crear una revolución interior, una catarsis para poder abandonar todo aquello que nos pesa y que nos causa dolor. Ya sabes que siempre insisto en la acción. Son libros para leer, para pensar, para volver a encontrarnos y sobre todo, para trabajar en nosotros mismos y llegar a ser nuestra mejor versión. También para recuperar nuestra autenticidad y poder sanar todas aquellas heridas que tantos años nos han acompañado.

¿Y ahora qué? Ya sé que decirlo es fácil y más cuando tienes que profundizar tanto en tu interior. Deseo que hayas disfrutado muchísimo leyendo este libro, pero confío en que utilices sus principios para mejorar tu vida de forma espectacular. Este es el libro más profundo de la trilogía y ya sabes que nuestra mente va a crear resistencias a los cambios, y más cuando son tan grandes. Sé que seguramente te habrás quedado perplejo ante la técnica de recapitulación, por cómo se lleva a cabo y sobre todo por dónde. Podemos ser flexibles en el dónde, lo importante es hacerlo. Sé perfectamente las cosas que pasaron por tu mente cuando lo leías, lo sé porque un día también pasaron por la mía. Todas estas técnicas y ejercicios son realmente poderosos y transformadores.

La primera vez que fui a un curso de chamanismo que duraba 4 días, quedé muy sorprendida por la cantidad de gente de todo el mundo que había ido hasta allí para trabajar con estos principios. Aunque tu mente te frene, aunque aparezcan las ganas de aplazarlo, empieza. Empieza por las cosas más sencillas, hasta que llegues a la más compleja y comprometida que es la recapitulación. Leer es un comienzo, pero si quieres ver grandes resultados debes pasar a la acción. Nadie quiere experimentar dolor, ese dolor que está dentro de cada uno de nosotros, pero cuando puedes trabajar en él, finalmente te liberas.

Me siento verdaderamente afortunada y agradecida por este momento y por el hecho de que tengas mi libro entre tus manos. Te deseo un tremendo éxito y felicidad verdadera.

¿Quieres ayudarme en mi sueño?

Dicen que no hay acción más egoísta que tener un conocimiento y no compartirlo con las demás personas. Ya sabes que hay una ley de causa y efecto y de esta se deriva otra que es la de dar y recibir.

Lo que más me impulsó a escribir mis libros fue el gran deseo de ayudar a las personas, el compartir mis conocimientos y experiencias para ayudar a otros a vivir una vida más feliz. Todos los conocimientos que están en el libro revolucionaron mi vida por completo y por supuesto también la de mis familiares y amigos más cercanos. Como el guerrero impecable que anda tras su sueño, mi sueño es mejorar la vida a cuantas más personas mejor, mi sueño es poder hacer llegar mi voz a miles de personas y por este motivo encontré el vehículo para hacerlo realidad.

Tengo el sueño de traer luz a todas aquellas personas que están cruzando una época oscura, de acompañar y ayudar a todas aquellas personas que están sufriendo y que se sienten perdidas. ¿Me ayudas a cumplir mi sueño? ¿Te ha gustado «La magia que duerme en ti»? ¿Crees que igual que a ti y a mí, puede ayudar a más personas? Cuando algo nos beneficia, tenemos que compartirlo con los demás. Lo que damos vuelve multiplicado a nosotros. Ayúdame a crear un mundo mejor, un mundo de personas felices y responsables, hacedoras e impecables. Un mundo en que los sueños maten los miedos y no al revés.

Ya sabes que el contribuir nos brida felicidad. ¿Me ayudas a hacer llegar todos estos principios a más y más personas? ¿Me ayudas a que cada día más personas en el mundo puedan despertar la magia que duerme en ellos y empiecen a crear su vida de forma deliberada? ¿Me ayudas poniendo tu granito de arena en dejar un mundo mejor?

Se dice que si quieres ayudar a un amigo, mejor que darle un pez, enséñale a pescar. Ayuda a esas personas que te rodean a despertar y a poder poner de nuevo rumbo a sus vidas. Si te ha ayudado a ti, regala uno de los libros a alguién que lo necesite.

Joe Vitale, del que ya te hablado en el libro, empezó su gran cambio gracias a un libro que alguien le regaló cuando vivía en las calles. ¿Te imaginas cómo puede ayudar un libro a las personas que simplemente se han perdido en la vida?

Si regalas uno de mis libros, aparte de ayudar a la persona que lo reciba, vas a ayudarme a ayudar a más personas. Dono el 10% de los beneficios a diferentes instituciones con el afán de mejorar sus vidas. Dono una parte económica y una parte en libros, por lo que te decía de enseñar a pescar a un amigo, en lugar de darle el pez. Al final de nuestras vidas seremos recordados no por lo que ganamos, si no por lo que dimos. El secreto de la vida es dar y ayudar a otros a prosperar. El secreto de la felicidad es ayudar a mejorar la vida de todas aquellas personas que te rodean.

Escribir mis libros y hacer llegar todos estos principios a las personas me hace inmensamente feliz, te estoy profundamente agradecida. Cada mensaje que recibo de las personas que me cuentan sus cambios y mejoras en sus vidas me llenan de alegría. Si quieres explicarme todas las cosas que han cambiado y que estás experimentando en tu realidad, ¡hazlo por favor y me harás enormemente feliz!

Cuéntame los cambios que has tenido utilizando estas potentes herramientas.

Mándame una foto con tu libro para ayudarme a compartir lo que tanto nos ha ayudado. No seamos egoístas y ayudemos en el despertar de más y más personas. Por ti, por mí y por todos. Sin más, te deseo una vida inmensamente próspera y feliz, repleta de alegría, abundancia y éxitos. Una vida en la que brillas siendo tú mismo y en la que tus sueños matan tus miedos.

¡Hasta pronto!

Un gran abrazo,
Gemma

Escríbeme a:
gemmacomasmoner@gmail.com

Sigámonos en las redes sociales

LAÍN GARCÍA CALVO

Seguramente has oído más de una vez que cuando el alumno está preparado llega el maestro... y eso exactamente es lo que me sucedió.

Cuando llevaba un tiempo escribiendo mi primer libro, por CAUSALIDAD apareció delante de mi un libro de Laín. Yo había empezado la senda que me llevaba a mi sueño pero aún había una parte por resolver y ¡ahí estaba él!

Me encontré con un ser maravilloso, con un gran propósito en la vida y dueño de una energía arrolladora. No dudé ni un segundo en inscribirme al evento "Vuélvete imparable", dónde se reúnen cientos de personas y tampoco dudé en apuntarme a su mentoría "Tu primer best seller" para poder llevar mi voz al mundo.

Gracias a su guía y apoyo, hoy puedes tener mi libro entre tus manos.

Laín es el coach número uno de habla hispana y fue pionero en la autoedición de su primer libro "La voz de tu alma" con el que ha cambiado la vida a miles de personas. Un hombre de gran corazón e implicado, que guía a personas como yo, a poder transitar el camino que él mismo hizo hace ya más de cinco años, cuando recorría librerías con su gran tesoro debajo del brazo. Ese gran tesoro que poco después fue un best seller y está revolucionando medio mundo.

Si aún no lo has leído, "La voz de tu alma" es simplemente un libro imprescindible. Un libro para leer y releer las veces necesarias. Un libro de crecimiento y descubrimiento de uno mismo y del mundo metafísico.

Y ya sabes que no hay mejor inversión, que la que uno hace consigo mismo.

Gracias Laín por este gran regalo y por mejorar la vida a tantas y tantas personas.

Gracias, gracias, gracias de todo corazón.

www.laingarciacalvo.com

Continúa en...

LA
MAGIA
QUE DUERME EN TI
Cambia tu mente y transforma tu vida
GEMMA COMAS MONER
Prólogo de LAIN, autor del best seller "La voz de tu alma"

EL ARTE DE CREAR
DELIBERADAMENTE
"Descubre el poder de tu mente y utilízalo a tu favor"
GEMMA COMAS MONER

EL PODER
DE LAS PROMESAS
"Detecta las promesas que un día te hiciste
y cámbialas para siempre"
GEMMA COMAS MONER

NOTAS